すぐ作りたくなる

クッキング
カード

野菜編 文化出版局

はじめに

本書は、毎日のおかず作りにすぐ役立つレシピ集です。旬の野菜を中心に手に入りやすい材料と短く簡潔な作り方、そして和洋中、エスニックなど幅広いジャンルの料理が「今晩何を作ろうかな」と迷った時のヒントにもなることでしょう。

タイトルの「クッキングカード」をご存じのかたもいらっしゃるのではないかと思います。60年にわたり、美しく、豊かな暮しを提案し続けた雑誌『ミセス』にて、1968年から2021年まで続いた長寿連載が「クッキングカード」です（連載開始当初は、「料理カード」という名称でした）。

毎号、錚々たる顔ぶれの料理研究家や料理家のかたがたが考案した家庭料理のレシピを掲載。料理写真とレシピがまるで1枚のカードのように見やすくデザインされた誌面が印象的で、時代を超えて長く読者に愛された人気連載でした。

連載「料理カード」の誌面より（『ミセス』1973年12月号）。連載開始時から〝キユーピー〟の広告が掲載され、毎号マヨネーズを使った料理が1品ずつ紹介されていた。

本書はこの連載で2014年から2021年までの8年間に紹介されたレシピの中から、野菜をメインとした料理100点を厳選してまとめたものです。野菜本来のおいしさを生かして、家庭での作りやすさが考えられたレシピを提供してくださった料理研究家、料理家のかたがたは42名（111ページ参照）になります。

これまでもこれからも、家庭料理の楽しさ、喜びがずっと受け継がれていくことを願って、この一冊をお届けします。

目次

この本の決り

●小さじ1は5㎖、大さじ1は15㎖、1合は
180㎖、1カップは200㎖です。

●野菜の洗う、皮をむくなどの通常の下ご
しらえは、省力してあります。

●火加減は特に指定のない場合は、中火
です。

●オーブンの焼き時間や温度は機種によ
って多少異なります。レシピを目安に、様
子を見ながら調整してください。

●ページの切取り線は、切り取ってレシピ
カードとしてもお使いいただけるように入
れてあります。

cooking card
春&夏

アスパラガスと赤パプリカ、干しえびの塩いため

たっぷりの干しえびの
うまみと歯触りがアクセント

材料(4人前)
グリーンアスパラガス 4本
赤パプリカ 1/3個
干しえび 30g
にんにく(大きめの粗みじん切り) 1かけ分
酒 大さじ1
塩 ひとつまみ
サラダ油 大さじ2

❶干しえびは、ひたひたの水に15〜30分浸してもどす(もどし汁も使う)。
❷アスパラガスは、根もとから1/3ほどの皮をピーラーでむき、根もとを切り落として、約4cm長さに切る。
❸パプリカは、へたと種を除いて、一口大に切る。
❹フライパンにサラダ油を熱し、にんにく、パプリカ、アスパラガスを中火でいためる。全体がしんなりしてきたら、水をきった①の干しえび、もどし汁大さじ3、酒を加えて軽くいため、塩で味を調える。

アスパラガスのリゾット
パンチェッタやチーズでこくをプラス

材料(4～5人前)
米(洗わない) 160g
グリーンアスパラガス 400g
玉ねぎ(粗みじん切り) 50g
パンチェッタ(または、ベーコン／粗みじん切り) 20g
鶏のスープストック 1ℓ
パルミジャーノ・レッジャーノ(おろす) 30g
バター 40g、塩、こしょう 各適宜
エキストラバージンオリーブ油 適宜

❶アスパラガスは、根もとのかたい部分を切り落として、ピーラーで皮をむく。穂先は飾り用にとりおき、残りは粗みじん切りにする。

❷鍋にオリーブ油20gを熱し、パンチェッタを弱火でいため、かりっとしてきたら玉ねぎを加えて、玉ねぎが透き通ってきたら、米、温めた鶏のスープストックの半量を加えて、13～14分中火で煮る(水分が減ってきたら、鶏のスープストックを足す)。①の粗みじん切りと残りの鶏のスープストックを加えてさらに2分ほど煮て、バター、パルミジャーノを加え混ぜ、塩、こしょうで味を調える。

❸飾り用の①の穂先は、さっと塩ゆでする。

❹器に②を盛り、③を飾り、オリーブ油をかける。

アスパラと豚バラ肉の みそナムル

にんにく風味のみそであえて

材料（4人前）
グリーンアスパラガス　4本
豚バラ肉（しゃぶしゃぶ用）　60g
酒　適宜
塩　適宜

あえ衣
- 酒、みりん　各大さじ1
- おろしにんにく　少々
- みそ　大さじ2
- ごま油　小さじ1

❶アスパラガスは、根もとを少し落とし、下から半分の皮をむいてはかまを取り、縦四つ割りにしてから3cm長さに切る。やや強めに塩を加えた熱湯でゆで、水にとって水気をしっかりきる。

❷豚肉は、ぬるめの湯（約80℃）に塩と酒各少々を加えてしゃぶしゃぶの要領でゆで、水にとって冷ます。ペーパータオルで水気をぬぐい、1cm幅に切る。

❸あえ衣の酒とみりんを耐熱容器に合わせ、ラップフィルムをかけずに電子レンジ（500W）に30秒かける。残りの材料と混ぜ合わせる。

❹①と②を混ぜ、③を加えてあえる。

キャベツとあさりパスタ
カレー粉をほんの少し忍ばせて

材料(4人前)
スパゲッティーニ 350g
春キャベツ(ざく切り) 500g
あさり(殻つき／砂抜きし、しっかり洗う) 500g
白ワイン ⅓カップ
にんにく(薄切り) 1かけ分
赤とうがらし(種を除いて、小口切り) 1本分
カレー粉 少々、塩 適宜
オリーブ油 大さじ3

❶フライパンに、にんにく、赤とうがらし、オリーブ油を入れて中火にかけ、にんにくが色づき、赤とうがらしが黒っぽくなってきたら、あさりとワインを加えてふたをする。あさりの殻が開いたら火を止め、あさりを取り出しておく。

❷大きめの鍋に水3ℓ、塩大さじ2を入れて火にかけ、沸いたらスパゲッティーニを入れ、パッケージの表示時間より1分少ない時間でゆで、さらにゆで上り1分前にキャベツを加えて一緒に火を通す。

❸①にカレー粉、②のゆで汁約大さじ2を加えて、再度中火にかける。沸いてきたら、湯をきった②を加えて全体を混ぜ、あさりを戻し入れて味を調える。

春キャベツとやりいかの
しょうがじょうゆあえ
キャベツといかの甘みが際立つ一皿

材料(2人前)
春キャベツ ¼個
やりいか 2はい（塩 小さじ1）

Ⓐ
- しょうが（すりおろす） 小さじ2
- うす口しょうゆ 大さじ1
- 米酢 小さじ1
- マヨネーズ 小さじ1

❶キャベツは、耐熱容器に入れてラップフィルムをゆるくかけ、電子レンジ（600W）で3分ほど加熱する。ラップフィルムを外し、粗熱が取れたら食べやすい大きさに切る。

❷やりいかは、胴と足を分け、わた、くちばし、軟骨を取り除く。胴は1cm幅に切り、足は先を切り落として数本ずつに分ける。塩を加えた熱湯に足、胴の順に入れて1分ほどゆでる。

❸Ⓐの材料を混ぜ合わせ、①、②をあえ、器に盛る。

春キャベツの
ミネストローネ

野菜と豆がたっぷり。キャベツの
甘さを感じるやさしい味わい

材料(4人前)
春キャベツ ½個
玉ねぎ 1個
白いんげん豆(ゆでたもの) 250g
いんげん 5本
蓮根 ¼節
わけぎ 1本
ローリエ 1枚
塩 小さじ1
パルミジャーノ・レッジャーノ(粉) 適宜
エキストラバージンオリーブ油 適宜
オリーブ油 大さじ2

❶キャベツ、玉ねぎ、いんげん、蓮根、わけぎは、
すべてざく切りにする。
❷鍋にオリーブ油を熱し、①とローリエを入れて
中火でいためる。玉ねぎが透明になったら水をひ
たひたに注ぐ。白いんげん豆を加え、一煮立ちし
たらあくを取って弱火にし、ふたをして30分煮る。
❸塩を加えて味を調え、器に盛り、パルミジャー
ノをふってエキストラバージンオリーブ油を回し
かける。

春キャベツと桜えびの
お好み焼き

衣少なめで空気を含ませながら焼きます

材料(2枚分)
春キャベツ(せん切り) 1/2個分
桜えび 1/2〜1カップ
豚バラ肉(薄切り) 約50g
衣 { 薄力粉 1カップ
    とき卵 1個分
    水 80〜100mℓ
ごま油 大さじ2
からしマヨネーズ
  { マヨネーズ 大さじ3
    溶きがらし 小さじ1
好みで、ソース、削りがつお 各適宜

❶豚肉は、1cm幅に切り、1枚ずつほぐしておく。
❷からしマヨネーズの材料を混ぜ合わせておく。
❸ボウルに衣の材料を入れてさっくりと混ぜ、
キャベツ、①、桜えびを加えてざっくり混ぜる。
❹フライパンにごま油大さじ1を中火で熱し、③
の生地の半量を流し入れて、空気を含んだ状
態で両面を焼く。残りも同様に焼く。
❺器に④を盛って、ソース、からしマヨネーズを
順にぬり、削りがつおを散らす。

焼きたけのこのサラダ
アンチョビーとケイパーのドレッシングで

材料(4人前)
ゆでたけのこ(小) 1本
クレソン(ざく切り) 1束分
紫玉ねぎ(または、玉ねぎ／薄切り) ½個分
塩、こしょう 各少々
オリーブ油 少々
ビネグレットソース(フレンチドレッシング)
 アンチョビーフィレ 3枚
 ケイパー 小さじ2、しょうゆ 小さじ2〜3
 白ワインビネガー 大さじ1
 エキストラバージンオリーブ油 大さじ2
木の芽 ひとつまみ(10〜15枚)

❶ビネグレットソースを作る。ボウルに細かく刻んだアンチョビーフィレとケイパーを入れ、残りの材料を加えてよく混ぜ合わせる。
❷たけのこは、根もとのかたい部分を約1cm厚さの半月切りにし、食べやすいように格子状の切込みを入れる。残りは6〜8等分に切る。
❸フライパンを中火にかけて、オリーブ油をひき、②のたけのこを焼く。こんがりと焼き色がついたら軽く塩、こしょうをふり、熱いうちに①とあえる。
❹③にクレソン、紫玉ねぎを加えてあえ、木の芽を散らす。

たけのこと油揚げの
アンチョビーオイル焼き

たけのこと相性抜群のアンチョビーオイル
をかけ、油揚げとともに焼き上げます

材料(2人前)
ゆでたけのこ ¼本
油揚げ 2枚
塩、こしょう 各少々
アンチョビーオイル
　アンチョビーフィレ 2枚
　にんにく 1かけ
　しそ 4枚
　松の実 大さじ1
　エキストラバージンオリーブ油 大さじ3
しそ(みじん切り)、松の実 各適宜

❶たけのこは1cm厚さの一口大に切る。油揚げ
は、焼き網かオーブントースターで表面が乾くま
で焼き、3〜4cm角に切る。共に軽く塩こしょうする。
❷アンチョビーオイルを作る。オリーブ油以外の
材料をみじん切りにし、ボウルに入れオリーブ油
を加えて混ぜる。
❸耐熱皿に①のたけのこと油揚げを交互に並
べ、②を回しかけ、オーブントースターで7〜8
分、上面に焼き色がつくまで焼く。仕上げにしそ、
松の実をふる。

15

スナップえんどうとツナの ポテトサラダ

マヨネーズに、ゆずこしょうの辛みをプラス

材料(4人前)
新じゃがいも(中／皮つきのまま洗う)　400g
Ⓐ｛ 酢　大さじ½
　　 塩、砂糖　各小さじ¼
　　 こしょう　少々
スナップえんどう　10本
Ⓑ──塩、砂糖　各小さじ1
新玉ねぎ　½個
ツナ缶(小)　1缶(80g)
Ⓒ｛ マヨネーズ　大さじ3〜4
　　 ゆずこしょう　小さじ⅓

❶じゃがいもは、耐熱皿にのせ、ラップフィルムをふ
んわりとかけて、電子レンジ(600W)で5分ほど加
熱する。上下を返して4分30秒〜5分加熱し、5分
ほどおいてから皮をむく。ボウルに入れてざっくと
ずし、混ぜ合わせたⒶを加え混ぜ、粗熱を取る。
❷スナップえんどうは、Ⓑを加えた熱湯で約1分
30秒ゆでて、冷水にとり、斜め半分に切って水
気をぬぐう。玉ねぎは、薄切りにし、水にさらして
水気をぬぐう。ツナ缶は、油をきってほぐす。
❸①に②、Ⓒを加えてあえる。

新じゃがいものソテー ローズマリー風味

ローズマリーの香りを移した油で
香ばしく焼き上げます

材料(4人前)
新じゃがいも(大) 2個
にんにく(粗みじん切り) 1かけ分
ローズマリーの枝 3本
スライスベーコン 5枚
塩、こしょう 各適宜
オリーブ油 大さじ2

❶じゃがいもは、皮つきのままよく洗い、薄い輪切りにする。

❷ベーコンは1cm幅に切る。

❸フライパンにオリーブ油、にんにく、ローズマリーの葉を入れて中火にかけ、香りが出たらベーコンを加えていためる。①のじゃがいもを加えてソテーし、表面がかりっとするくらいまで火が通ったら、塩、こしょうで味を調える。

❹器に③を盛り、あればローズマリーの枝(分量外)を飾る。

新じゃがのみそいため

出はじめの小さなじゃがいもで。
油でよくいため、甘みそをからめます

材料(4人前)
新じゃがいも(小)　500g
長ねぎ(薄切り)　1本分
しょうが、にんにく(共にすりおろす)　各大さじ1
Ⓐ { みそ　100g
　　砂糖、酒、みりん　各大さじ2
太白ごま油　大さじ2
粉山椒　適宜

❶じゃがいもは、よく洗い、皮つきのままやわらかく
なるまでゆでる。
❷フライパンに太白ごま油、水気をきった①を
入れ、中火で焼き色がつくまでよく焼く。
❸長ねぎ、しょうが、にんにくを加え、ひと混ぜした
ら、混ぜ合わせたⒶを加え、焦げないように気を
つけながらじゃがいもによくからめる。仕上げに粉
山椒をふり、器に盛る。
＊大きいじゃがいもの場合は4〜5等分に切って使う。

新じゃがいもと鶏ひき肉の変り肉じゃが

定番の肉じゃがを、皮つきの新じゃがと鶏ひき肉、白ワインでアレンジ

材料（4人前）
新じゃがいも（小） 4個
新玉ねぎ 1個
鶏ひき肉 150g
にんにく（薄切り） 1かけ分
白ワイン ⅓カップ
しょうゆ 大さじ3
みりん 大さじ1
砂糖 適宜
オリーブ油 大さじ1
さやいんげん（ゆでる） 適宜

❶じゃがいもは、皮つきのままよく洗い、2～4等分に切る。
❷玉ねぎは厚めの薄切りにする。
❸鍋にオリーブ油をひいて中火にかけ、にんにく、鶏ひき肉をいためる。①のじゃがいも、②の玉ねぎを加えてさっといため合わせ、白ワイン、しょうゆ、みりん、砂糖を加えて、じゃがいもがやわらかくなるまで煮る。
❹器に③を盛り、斜め薄切りにしたさやいんげんを添える。

菜の花のナムル

わずかに感じるにんにくが
菜の花の味わいを引き立てます

材料(2人前)
菜の花 1束(塩 少々)
にんにく(すりおろす) 少々
塩 小さじ⅓
ごま油 大さじ2
すりごま 適宜

❶菜の花は、水を張ったボウルの中で根もとを切り、そのまま数分浸し、しゃっきりさせる。食感が残る程度に塩ゆでし、2〜3等分に切る。
❷にんにく、塩を混ぜ合わせ、ごま油を加えて混ぜる。①を加えてあえる。
❸器に盛り、仕上げにすりごまをふる。

菜の花のラビオリ風
ラビオリの生地を餃子の皮で手軽に

材料(4人前)
菜の花 12本(塩 少々)、玉ねぎ(みじん切り) 50g
スライスベーコン 60g、にんにく(つぶす) 1かけ
生クリーム 1カップ、オリーブ油 大さじ½
Ⓐ{ はまぐり 12個、白ワイン 大さじ4
   タイムの枝 1本
餃子の皮 16枚、クリームチーズ(16等分する) 80g
あれば、飾り用のタイムの枝 適宜

❶菜の花は、塩を入れた熱湯で色よくゆで、水気
をきって、細かく刻む。
❷ベーコンは7～8mm幅に切る。
❸餃子の皮の内側に薄く水をぬり、中央にクリー
ムチーズをのせて、皮の縁の4か所を中央に
寄せて底が正方形になるように包む。
❹鍋に、にんにく、オリーブ油を入れて中火にか
け、香りが出たらにんにくを取り出して、玉ねぎを
いためる。しんなりしたらⒶを加えてふたをし、は
まぐりの殻が開いたらはまぐりを取り出す。ベーコ
ン、生クリームを加えて、とろみがつくまで煮つ
め、菜の花を加え混ぜる。
❺③を30秒ほどゆでて、器に盛り、④のソースを
かけて、はまぐり、タイムをのせる。

クレソンとわかめ、うどのおひたし
食材をゆですぎず、2回に分けて浸します

材料（4人前）
クレソン　2束（300g）
生わかめ　100g
うど（皮をむく）　9cm（酢　少々）
ひたし地Ⓐ
{ だし　適宜
{ うす口しょうゆ　少々
ひたし地Ⓑ
{ だし　2½カップ
{ うす口しょうゆ　¼カップ
{ 酒　¼カップ

❶クレソン、わかめは、さっとゆで3cm長さに切る。
❷うどは、3cm長さの短冊に切り、酢水につける。
❸バットにクレソンを入れ、ひたし地Ⓐのだしをひたひたに注ぎ、うす口しょうゆを加える。味の目安は、なめた時にしょうゆをわずかに感じる程度。そのまま30分以上おく（冷蔵庫で一晩おいてもいい）。
❹ひたし地Ⓑの材料を鍋に合わせて一煮立ちさせ、冷ましておく。
❺食べる直前に、軽く絞った③とわかめ、④をよくあえ、水気をきった②を加えて器に盛る。

クレソンのサラダ
クレソンの味を生かして酢は使わずに

材料（2人前）
クレソン（細い茎と葉）45g
クリームチーズ　36g
オリーブ油　大さじ2
マヨネーズ　小さじ1
塩　少々

❶クレソンは、太い茎から細い茎ごと葉を摘み取り、45g用意する。
❷ボウルにクリームチーズを入れ、手で小さくちぎる。オリーブ油、マヨネーズ、塩を加え、チーズの小さな塊が残る程度に手で混ぜ合わせる。
❸②にクレソンを加え、手で下から上へとやさしく混ぜ合わせ、器に盛る。
＊チーズはロックフォールもおすすめ。
＊クレソンの太い茎はきんぴらなどに使ってもいい。

新玉ねぎと豚肉の
さっと煮

手軽にできる春のお惣菜。酒の肴にも

材料(2～3人前)
新玉ねぎ 2個
スナップえんどう 6個
豚肩ロース肉(薄切り) 200g(塩 少々)
実山椒(塩漬け) 小さじ2
だし 2½カップ
Ⓐ
酒、みりん 各大さじ2
うす口しょうゆ 大さじ1
塩 小さじ½

❶玉ねぎは、縦半分に切ってそれぞれ3等分の
くし形切りにする。スナップえんどうは、へたを落と
し、筋を取る。豚肉は、食べやすい大きさに切り、
塩をふる。実山椒は水でさっと洗い、軽く刻む。
❷だしを煮立て、Ⓐを加える。玉ねぎを入れて
ふたをし、弱火で玉ねぎがやわらかくなるまで5分
ほど煮る。
❸②に豚肉を加えてほぐし、中火にしてあくを取
りながら豚肉の色が変わるまで煮る。スナップえ
んどうを加えて1分ほど煮、実山椒を加えてさっと
煮て、器に盛る。

新玉ねぎのキムチ
新玉ねぎは大きめに切って漬け込みます

材料(4人前)
新玉ねぎ　2個(塩　大さじ1)
にんじん(せん切り)　40g
にら(5mm幅に切る)　2本分

Ⓐ
- 粉とうがらし(韓国産)　大さじ2
- にんにく(みじん切り)　小さじ1
- しょうが(みじん切り)　小さじ1
- あみの塩辛　小さじ1
- カナリエキス　小さじ1
  (または、ナムプラー　小さじ½)

❶玉ねぎは、皮をむいて4等分に切る。ボウルに水1カップ、塩を入れて溶き混ぜ、玉ねぎを入れて20分ほど漬けておく。

❷ボウルにⒶを入れて、よく混ぜ合わせる。

❸②に水気をきった①の玉ねぎ、にんじん、にらを加えて、ざっくりと混ぜ合わせる。1時間ほど常温においてから、保存容器やファスナーつきポリ袋に入れて冷蔵庫に保存する。漬けた翌日からが食べごろ(1週間ほどで食べきるといい)。

*日本産の粉とうがらしを使う場合は、韓国産よりも辛みが強いので分量は少なめに調整を。

*カナリエキスは、いかなごを使った韓国の魚醤。

新ごぼうと昆布のサラダ
やわらかいごぼうをマヨネーズソースで。
素揚げした昆布がアクセント

材料(4人前)
新ごぼう 1本
にんじん(小) 1本
昆布(5×10cm) 1枚
マヨネーズソース
┌ マヨネーズ 大さじ2
│ 生クリーム 大さじ2
│ にんにく(すりおろす) 1かけ分
└ しょうゆ 小さじ1
クミンパウダー 大さじ1弱
揚げ油

❶ごぼうは、皮つきのままよく洗い、せん切りにする。にんじんは、皮をむいてせん切りにする。
❷昆布は、キッチンばさみでせん切りにし、香ばしく素揚げする。
❸ボウルに①と②を入れて、よく混ぜ合わせたマヨネーズソースであえ、クミンパウダーを加え混ぜる。

新ごぼうのリゾット

しゃきしゃきとしたささがきごぼうが格別

材料（4人前）
米（洗わない）　1½カップ
新ごぼう（皮つきのままよく洗う）　1本
にんにく（粗みじん切り）　1かけ分
白ワイン　大さじ3
コンソメスープ　4〜5カップ強
Ⓐ　｛　生クリーム　¼カップ
　　　パルミジャーノ・レッジャーノ（おろす）　50g
　　　塩、こしょう　各少々
オリーブ油　大さじ3、いり白ごま　少々
エキストラバージンオリーブ油　適宜

❶ごぼうは、ささがきにする（水にさらさなくていい）。
飾り用に少量を取り分けて、水にさらしておく。
❷鍋にオリーブ油を入れて中火にかけ、にんにく
と米をよくいためる。米のまわりが白くなったら、①
を加えていため、全体に油が回ったら、ワインとス
ープ1カップを加えて煮る（あまりかき混ぜない）。
汁気がなくなってきたら、残りのスープを1カップず
つ足し、その都度米のかたさをみる。米に芯が少
し残るくらいまで火が通ったら、Ⓐで味を調える。
❸器に②を盛り、水気をきった飾り用のごぼうを
のせて、白ごまを散らし、エキストラバージンオリ
ーブ油をかける。

セロリと牛肉の
細切りいため
野菜は湯通しし、短時間でいためて

材料（2人前）
セロリ 1本
牛もも肉 150g
にんじん 4cm
長ねぎ 10cm、しょうが 1かけ
Ⓐ ⎰ 酒 大さじ1、塩、こしょう 各少々
  ⎱ かたくり粉 小さじ1½
Ⓑ ⎰ しょうゆ、酒 各大さじ1
  ⎰ 水 大さじ2、酢 小さじ1
  ⎱ 砂糖 小さじ½、かたくり粉 小さじ⅓
塩 ふたつまみ、こしょう 少々
太白ごま油 大さじ1½

❶セロリは4cm長さ、5mm幅の細切り、にんじんは
3mm幅の細切りにし、熱湯に通して水気をふく。
❷長ねぎは7mm幅の斜め切りにする。しょうがは
せん切りにする。牛もも肉は、4mm幅の細切りに
し、Ⓐをからめる。
❸フライパンに太白ごま油を熱し、②を中火で
いためる。肉の色が変わったら①を加えていた
め合わせ、塩、こしょうを加える。よく混ぜたⒷを
回しかけ、とろみがつくまでいため、器に盛る。

セロリと牛肉の
ナムプラーサラダ

ゆでた牛肉をたれであえておくと、味が
なじみます。野菜の準備はその間に

材料(2人前)
牛肉(しゃぶしゃぶ用。もも肉、または切落し) 150g
(酒 大さじ1、塩 少々)

Ⓐ
セロリ(斜め薄切りにし、葉は一口大にちぎる)
　1本分
ピーマン(縦にせん切り) 1個分
紫玉ねぎ(縦に薄切り) ¼個分
パクチー(大／葉をちぎり、茎は小口切り)
　1束分
好みで、青とうがらし(小口切り) 1〜2本分

ナムプラーだれ
ナムプラー、酢、レモン汁 各大さじ2
砂糖 大さじ1⅓〜2
粉とうがらし 小さじ¼〜⅓

❶ナムプラーだれの材料を混ぜ合わせておく。
❷牛肉は、酒と塩を加えた湯で色が変わるまで
さっとゆで、たっぷりの水にとる。粗熱が取れたら
ざるに上げ、水気を絞ってボウルに移し、①のた
れの⅓量を加えてあえる。
❸②のボウルにⒶを合わせ、残りのたれを加え
て全体を混ぜ合わせ、器に盛る。

29

グリーンピースのピラフ
最初にバターで米を煮る感覚で

材料(4人前)
米(洗わない) 2合
グリーンピース(塩ゆでしたもの) 正味170g
玉ねぎ 100g
鶏ガラスープ 1$\frac{1}{2}$カップ
バター 60g
塩 ひとつまみ
イタリアンパセリ(みじん切り) 適宜

❶玉ねぎはごく細かいみじん切りにする。
❷鍋にバターを熱し、玉ねぎを入れ、刺激のある香りがなくなるまで中火でいためる。
❸②に米と塩を加え、木べらで混ぜながら、米にバターを吸わせるような感覚でいためる。米とバターが充分になじんだら鶏ガラスープを加えて強火にし、沸騰したらごく弱火にし、ふたをして20分炊く。
❹③にグリーンピースをのせ、ふたをして10分蒸らす。さっくりと混ぜてイタリアンパセリをふり、器に盛る。

そら豆のリゾット

米をいためず水から煮ていくスタイル。
そら豆の素朴な味を楽しめます

材料(2人前)
米(洗わない) 100g
そら豆(ゆでて薄皮を取ったもの) 100g
バター 24g
パルミジャーノ・レッジャーノ(削ったもの) 1カップ
パルミジャーノ・レッジャーノ(細切り) 適宜
こしょう 適宜

❶鍋に米と水1½カップを入れて中火にかけ、
沸騰したら弱火にし、時々混ぜながら米にゆっく
り水分を吸わせていく。
❷水分が少なくなって、米に芯が残るか残らな
いかという程度にやわらかくなったら、そら豆を加
えて全体を混ぜる。続けてバター、削ったパルミ
ジャーノを加えて混ぜ、すばやく器に盛り、細切
りのパルミジャーノをのせ、こしょうをふる。

きゅうりと蒸し鶏の おかずサラダ

きゅうりはたたいて食感を生かします

材料(2人前)
きゅうり(麺棒でたたき、手でざっくりほぐす) 2本分
トレビスの葉(または、レタスなど／ちぎる) 2枚分
しそ(ちぎる) 8枚分
鶏胸肉(大) 1枚(約300g)
(酒 大さじ1、塩 小さじ½)
太白ごま油(または、ごま油) 小さじ½
にんにく(薄切り) 1かけ分

Ⓐ {
　ナムプラー 大さじ2、砂糖 小さじ1
　レモン汁 大さじ1½
　ごま油 大さじ1½
}

❶鶏肉は厚みのある部分を開いて均一にする。酒をまぶして塩をふり、10分おく。
❷鍋に水¼カップ、太白ごま油、にんにくを入れて中火にかける。軽く沸いたら、①を皮目を下にして入れ、ふたをする。再び軽く沸いたら火を弱めて蒸し煮にする。途中で裏返し、12分たったら火を止め、そのまま20分ほどおいて粗熱を取る。
❸大きめのボウルにⒶを混ぜ合わせ、②の鶏肉を手で粗めにほぐして入れ、一緒に蒸し煮にしたにんにくと煮汁、野菜を加え、ざっくりあえて器に盛る。

たたききゅうりと
オクラのあえ物
おろしにんにく、塩、ごま油に
水を加えてあえるのがポイント

材料(4人前)
きゅうり 2本
オクラ 5本(塩 少々)
プチトマト 2個
にんにく(おろす) 少々
塩 3つまみ
ごま油 小さじ1

❶きゅうりは、皮を縞目にむいて、たたく。両端を
切り落とし、3等分の長さに切る。
❷オクラは、へたを取り、塩ゆでする。冷水にとっ
て冷まし、水気をよくきって、縦半分に切る。
❸プチトマトは、へたを除き、半分に切る。
❹ボウルに①、②、③を入れ、おろしにんにく、
塩、ごま油、水大さじ1を加えてあえる。

きゅうりと豚バラ肉の ごまみそがらめ

ひと手間かけたきゅうりの歯触りが絶妙

材料(4人前)
きゅうり 1本(塩 小さじ¼)
豚バラ肉(薄切り) 150g
みょうが 2個

ご ま み そ	みそ 小さじ2
	みりん 大さじ1
	白すりごま 小さじ1

❶きゅうりは、皮をむいて縦半分に切り、スプーンで種をこそいで、5mm弱幅の斜め切りにする。ボウルに入れて塩をふってからめ、5分ほどおいてからたっぷりの水を注いですすぎ、水気を絞ってペーパータオルに包んでおく。

❷豚バラ肉は3〜4cm長さに切る。鍋に湯を沸かし、豚肉をゆでてざるに上げ、水気をきりながら完全に冷ます。

❸みょうがは、縦半分に切ってから斜め薄切りにし、軽く水洗いして、ペーパータオルにとって水気を吸い取る。

❹ボウルにごまみその材料を入れて混ぜ合わせ、①のきゅうり、②の豚肉を加えてからめる。

❺器に④を盛り、みょうがを天盛りにする。

きゅうりとベーコンの焼き餃子
ベーコンと鶏ひき肉のうまみとこくで

材料(12個分)
餃子の皮 12枚
きゅうり(みじん切り) ½本分
ベーコン(みじん切り) 40g
鶏ひき肉 100g
長ねぎ、しょうが(各みじん切り) 各小さじ1
Ⓐ ┌ 酒 大さじ1
　 │ 砂糖 ひとつまみ
　 │ 塩、こしょう 各少々
　 └ ごま油 小さじ1
かたくり粉 小さじ1
サラダ油 適宜
た ┌ 酢、しょうゆ 各大さじ1
れ └ ラー油、ごま油 各小さじ1

❶ボウルに鶏ひき肉、きゅうり、ベーコン、長ねぎ、しょうがを入れて、よく練り混ぜる。Ⓐを加えてさらに練り混ぜ、最後にかたくり粉を加え混ぜる。
❷餃子の皮に①を½量ずつのせて包む。
❸フライパンにサラダ油をひき、②を並べて中火にかける。水を少量加えてふたをし、蒸焼きにする。
❹器に③を盛り、混ぜ合わせたたれを添える。

トマトとなすの
クイックグラタン
ソースいらずの簡単グラタン

材料(4人前)
トマト 2個
なす 4本(塩 適宜)

Ⓐ {
　パン粉 20g
　パルミジャーノ・レッジャーノ(おろす) 10g
　にんにく(みじん切り) 小さじ½
　エルブ・ド・プロヴァンス(ミックスハーブ)
　　小さじ1
　塩、こしょう 各少々
　エキストラバージンオリーブ油 大さじ1

エキストラバージンオリーブ油 大さじ4〜5
シュレッドチーズ(細かく切ったとけるチーズ) 80g
イタリアンパセリ 少々

❶トマトは8mm幅の半月切りにする。なすは、1cm
幅の輪切りにし、両面に塩をふる。
❷Ⓐを混ぜ合わせる。
❸耐熱皿に②の½量を敷き、①のトマトとなす
を交互に並べ入れ、全体にオリーブ油を回しか
けて、残りの②、チーズをかける。220℃に温めた
オーブンで約20分、表面にこんがりと焼き色がつ
くまで焼く。仕上げに、ちぎったイタリアンパセリを
あしらう。

ミニトマトのパスタ
辛みをきかせてもおいしい

材料(2人前)
好みのショートパスタ　100g
ミニトマト　20個
バジルの葉　10枚
にんにく(みじん切り)　1かけ分
Ⓐ 白ワイン　⅓カップ
　　コンソメスープ　½カップ
　　好みで、青とうがらし
　　　(種を除いて、輪切り)　少々
オリーブ油　大さじ2、塩　適宜
飾り用のバジル、パセリ(みじん切り)　各適宜

❶フライパンにオリーブ油とにんにくを入れて弱
火にかけ、香りが立ったらミニトマトを加えて中火
にする。トマトの皮がはじけたらⒶを加え、スープ
にとろみがつくまで煮つめる。塩で味を調え、パス
タと合わせる直前にバジルを加える。
❷鍋にたっぷりの湯を沸かし、多めの塩を加え
てパスタを表示時間よりやや長めにゆでる。
❸①に湯をきった②を加えて混ぜ、器に盛り、パ
セリを散らしてバジルを添える。
＊トマトのへたを取るかどうかは好みで。多めの油で
いためるのでへたも食べられ、トマトの風味がよく出る。

37

トマトと牛肉、バジルの オイスターソースいため

トマトは、温まる程度に強火で手早く
いため、食感と酸味を残します

材料（2人前）
牛肉（焼き肉用ハラミ。切落し肉でも可） 200g
Ⓐ 　酒　大さじ1
　　しょうゆ　小さじ1
　　砂糖　小さじ½
ミニトマト　12個
バジルの葉　12枚
塩　少々
オイスターソース　大さじ½
しょうゆ　小さじ½
粗びき黒こしょう　小さじ⅓
太白ごま油（または、サラダ油）　小さじ2

❶牛肉は、食べやすい大きさに切り、Ⓐであえて
10分おく。
❷ミニトマトは、へたを取り除き、縦半分に切る。
❸フライパンに太白ごま油を入れ中火で熱し、
①を入れてほぐしながらいため、軽く塩をする。
肉の色が変わったら②を加え、強火にし、オイス
ターソースとしょうゆを加えて手早くいため合わ
せる。バジルと黒こしょうを加え、さっとひと混ぜし
たら火を止め、器に盛る。

トマトご飯のファルシ

加熱してうまみを凝縮させたトマトの果肉、
チーズ、ハーブをからめたご飯を詰めて

材料（4人前）
トマト（中／へたつきのまま上部を浅く切る）　4個分
ベーコン（1cm角に切る）　80g
にんにく（みじん切り）　½かけ分
ご飯（温めておく）　200g
シュレッドチーズ（細かく切ったとけるチーズ）　50g
エルブ・ド・プロヴァンス（ミックスハーブ）　小さじ½
塩、こしょう　各適宜
バジルの葉　適宜

❶トマトは、果肉をスプーンでくりぬいて粗く刻み、
くりぬいた内側に軽く塩をふる。

❷フライパンでベーコンを焼き色がつくまでいた
めて、にんにく、トマトの果肉を加え、トマトがペー
スト状になるまで強火で煮つめる。ご飯、ハーブ
を加えてなじませ、火を止めて、チーズ30gを加え
混ぜて余熱でとかし、塩、こしょうで味を調える。

❸①のくりぬいたトマトに②を詰め、残りのチーズ
をかける。オーブントースターの天板にアルミフォ
イルを敷いて、トマトを並べ、浅く切ったトマトの
上部も置き、約6分、チーズに焼き色がつき、トマ
トの表面がしんなりとするまで焼く。

❹器に③を盛り、バジルの葉を飾る。

39

焦がしなすと 焼きささ身のサラダ

香ばしい焼き目をつけたなすと鶏ささ身を
しょうがじょうゆでさっぱりと

材料(4人前)
なす 2本
鶏ささ身 2本
香菜(刻む) 1/4カップ
ごま油 少々

合せ調味料
- しょうが(すりおろす) 小さじ1
- にんにく(すりおろす) 少々
- レモン汁 大さじ1
- しょうゆ 大さじ1
- ごま油 大さじ1

❶なすは、へたを落として縦半分に切る。鶏ささ身は、縦半分に切り、筋がある場合は取り除く。

❷フライパンを温めてごま油を薄くひき、なすの切り口を下にして並べ、鶏ささ身も並べて中火で焼く。こんがりと焼き目がついたら返し、弱めの中火にして同様に焼く。

❸②をバットに移して冷まし、なすは縦1cm幅に切り、鶏ささ身は細かくさく。

❹ボウルに合せ調味料の材料を入れ、③を加えてからめ、香菜を散らして全体に混ぜ合わせる。

蒸しなす
香味野菜だれ

ヘルシーで栄養たっぷり。
さっぱり味でいくらでも食べられます

材料（2人前）
なす　3本
香味野菜だれ
- しらす干し　大さじ2
- 大葉（みじん切り）　5枚分
- みょうが（みじん切り）　1個分
- しょうが（みじん切り）　½かけ分
- しょうゆ　大さじ1
- 酢　大さじ1

❶なすは、ようじで数か所穴をあけ（破裂防止のため）、蒸気の上がった蒸し器で10分ほど蒸す。
❷ボウルに香味野菜だれの材料を入れて混ぜ合わせる。
❸①の粗熱が取れたら手で細くさく。器に並べ、②をかける。

41

なすと春雨の
エスニック風
ガーリックオイルのこくとうまみを

材料(4人前)
なす(へたを切り落として、皮をむく) 4本(塩 適宜)
春雨(乾燥) 40g
香菜(茎と葉に分ける) 1束分
Ⓐ { ライムのしぼり汁(または、レモン汁) 大さじ2
ガーリックオイル(下記参照) 大さじ2
ナムプラー 大さじ2、砂糖 大さじ1
ガーリックチップ(下記参照) 適宜

❶なすは、縦4等分に切って、塩水に浸してあくを
抜く。水気をきり、蒸気の上がった強火の蒸し器
で5〜6分蒸す。
❷香菜は、茎は小口切りに、葉はざく切りにする。
❸春雨は、水でもどしてからゆでて、水気をきり、
食べやすい長さに切る。Ⓐ、②の香菜の茎を加
えてあえる。
❹器に、軽く水気をきった①のなすを並べて、③
を汁ごとのせ、②の香菜の葉を添えて、ガーリッ
クチップを散らす。
＊ガーリックオイルとガーリックチップの作り方(作りやす
い分量) 小さめのフライパンにオリーブ油大さじ2、
にんにく(みじん切り)1かけ分を入れ、にんにくが香ばしく
色づくまで弱火にかけ、オイルとにんにくに分ける。

なすとトマトのパスタ
バルサミコ酢をきかせた和風味

材料（2人前）
スパゲッティ 180g
なす（小／5mm幅の輪切り） 2本分
トマト（皮を湯むきして、ざく切り） 1個分
にんにく（みじん切り） 1かけ分、塩 適宜
バルサミコ酢 大さじ1½、しょうゆ 小さじ1
バター 10g、オリーブ油 大さじ1½
大葉（ざく切り） 4～5枚分、粗びき黒こしょう 少々

❶なすは、塩水に浸してあくを抜く。
❷フライパンににんにくとオリーブ油を入れ、弱火にかけ、にんにくがきつね色になったら、水気をきった①のなすを加えて、塩をふたつまみふり、しっかりといためる。バルサミコ酢 大さじ1、しょうゆを加え混ぜ、トマトを加えて1～2分いためる。
❸たっぷりの水に塩を入れて沸かし（1.5ℓの水に対して、塩小さじ2が目安）、スパゲッティを表示時間よりも3分短めにゆでる（ゆで汁は残しておく）。
❹②に③のスパゲッティ、ゆで汁約大さじ3を加え、からめながら火を通す。スパゲッティがちょうどいい歯応えになったら、残りのバルサミコ酢、バターを加え、バターをとかしながら大きく混ぜる（途中水分が足りなくなったら、ゆで汁を少量加える）。
❺器に④を盛り黒こしょうをふり、大葉を散らす。

ズッキーニと
フルーツトマトのマリネ
甘酸っぱいフルーツトマトがアクセント

材料（作りやすい分量）
ズッキーニ　1本（小麦粉　適宜）
フルーツトマト（へたを除き、一口大に切る）　180g
サラダ玉ねぎ（スライサーで薄切りにする）　25g
バジルの葉　3枚
オレガノ（乾燥）　小さじ1
赤ワインビネガー　10mℓ
塩、こしょう　各適宜
エキストラバージンオリーブ油　55g

❶ズッキーニは、1cm弱厚さの輪切りにし、小麦粉をまぶす。フライパンにオリーブ油25gを熱して、ズッキーニを両面香ばしく焼き、塩、こしょうをふって、ペーパータオルに並べて油をきる。
❷トマトは、塩、こしょうをふる。サラダ玉ねぎは、水にさらして水気をきる。
❸ボウルにオレガノ、赤ワインビネガー、オリーブ油30gを入れてよく混ぜ合わせ、①のズッキーニ、②のトマト、水気を絞ったサラダ玉ねぎ、ちぎったバジルの葉を加えてあえ、冷蔵庫で3時間ほどなじませる。
＊2日間ほど冷蔵保存可能。

ズッキーニのリゾット
野菜だしを薄めて使います

材料（4人前）
米（洗わない） 200g
ズッキーニ 1本、玉ねぎ（みじん切り） 60g
Ⓐ——オリーブ油 大さじ2、バター 20g
Ⓑ——野菜だし（下記参照） 2カップ
　（水2½カップを加えて沸騰させる）
パルミジャーノ・レッジャーノ（削ったもの） 50g

❶ズッキーニは、皮に近い部分は角切り、種の
ある芯の部分はみじん切りにする。

❷鍋にⒶと玉ねぎを入れて弱火にかけ、玉ねぎ
が透き通ったらズッキーニの芯を入れていため
る。米を加えて中火にし、パチパチ音がしてきた
ら、米の1〜2cm上までかぶる分量のⒷを加え、
鍋底を混ぜて塩少々（分量外）をふり、米が躍る
火加減で17〜18分煮る。水分が減ったらⒷを足
し、あと5分のところで残りのズッキーニを加える。

❸米の食感が好みのかたさになったら火を止め、
パルミジャーノを加えて混ぜ合わせる。器に盛り、
黒こしょうとパルミジャーノ（共に分量外）をふる。

＊野菜だしの作り方（作りやすい分量）　鍋に玉ねぎ1
個、にんじん1本、長ねぎの青い部分1本分、セロリの
葉ひとつかみ、端野菜適宜、クローブ2粒、ローリエ1
枚、白粒こしょう小さじ1、塩小さじ¾、水2ℓを入れて火
にかけ、沸騰してから弱火で90分煮る、こす。

オクラと牛肉の
からしごまあえ

オクラは塩もみをして色鮮やかに。
練りごま、練りがらしにマヨネーズを加えて

材料（4人前）
オクラ　2パック
牛肉（しゃぶしゃぶ用）　100g
酒　適宜
塩　適宜

あえ衣
{
練りごま　大さじ2
練りがらし　適宜
マヨネーズ　大さじ1
しょうゆ　小さじ½
}

❶オクラは、塩もみをしてゆで、水にとって水気を
きる。へたを落とし、斜め薄切りにする。
❷牛肉は、ぬるめの湯（約80℃）に塩と酒各少々
を加えてしゃぶしゃぶの要領でゆで、水にとって
冷ます。ペーパータオルで水気をぬぐい、1cm幅
に切る。
❸あえ衣の材料を混ぜ合わせておく。
❹①と②を混ぜ、③を加えてあえる。

オクラの水餃子

シンプル・イズ・ベスト。ぜひレモン塩で

材料(18個分)
豚ひき肉 150g
オクラ 8本

Ⓐ
- しょうが(すりおろす) ½かけ分
- 酒 小さじ1
- しょうゆ 小さじ1
- かたくり粉 小さじ1½

餃子の皮(大判) 18枚
レモン汁、塩 各適宜

❶オクラは、へたの先を切り落とし、がくは包丁を斜めにそわせてくるりとむき取り、粗めに刻む。
❷ボウルに豚ひき肉、①、Ⓐを入れ、よく混ぜる。
❸②を餃子の皮で包む。
❹鍋に湯をたっぷり沸かし、③を入れ、浮かんでからさらに2〜3分ゆで、ざるに上げる。
❺器に盛り、レモン汁と塩を添える。

とうもろこしと桜えびのチヂミ

上新粉を入れたチヂミの衣でかりっと。
かき揚げのように小ぶりに整えます

材料（2人前）
とうもろこし　2本（小麦粉　大さじ1）
桜えび（乾燥）　10g
三つ葉　1束
Ⓐ{ 小麦粉、上新粉　各30g
　　砂糖　小さじ1/2
　　塩　小さじ1/4 }
ごま油　適宜

❶ボウルにⒶを入れて水80〜100㎖を注ぎ、泡立て器で混ぜ合わせる。

❷とうもろこしは、皮をむいてひげを取り除く。長さを半分に切り、実を包丁でそぎ取り、ボウルに入れて小麦粉をまぶす。

❸②に①を加えてさっくりと混ぜ、桜えびとざく切りにした三つ葉を加え、手早く混ぜ合わせる。

❹フライパンにごま油を熱し、③をスプーンで落として直径8㎝ほどの円形に整える。フライパンを揺すってみて生地が全体にまとまって動いたら裏返し、両面を色よく焼く。

とうもろこしと
あじのご飯
ごちそう感のある夏の炊込みご飯

材料(4人前)
米 2合
とうもろこし 1本
あじ(小) 2尾
みょうが 1個、大葉 10枚
昆布(5×5cm) 1枚
みりん、うす口しょうゆ 各40㎖

❶とうもろこしは、水からゆで、包丁で実を外す。
芯はとりおく。みょうが、大葉はそれぞれせん切り
にする。
❷あじは、三枚におろし、魚焼きグリルで骨、頭、
身をそれぞれ焼く。
❸だしをとる。鍋に水2カップ、とうもろこしの芯、
焼いたあじの頭と骨、昆布を入れて火にかけ、
沸騰したら弱火にして20〜30分煮てこす。
❹鍋(または炊飯器)に米、❸を190㎖(足りな
ければ水を加える)、みりん、うす口しょうゆを入れ
て炊く。炊き上がったら、とうもろこしの実、あじの
身、みょうが、大葉を加え、全体をまんべんなく混
ぜて器に盛る。

49

枝豆と紅しょうがの
かき揚げ
味つけは紅しょうが。辛みがアクセントに

材料（3〜4人前）
枝豆　200g（正味80〜100g）
玉ねぎ　½個
紅しょうが　30g
小麦粉　大さじ4
かたくり粉　大さじ1½
揚げ油

❶枝豆は、さやごとボウルに入れ、塩小さじ2（分量外）を加えて軽くもむ。沸騰した湯に塩を落とさず入れて3〜4分ゆで、ざるに上げる。粗熱が取れたら豆を取り出す。
❷玉ねぎは薄切りにする。紅しょうがは粗く刻む。
❸ボウルに①、②を入れる。
❹別のボウルに小麦粉とかたくり粉を入れて混ぜ、半量を③のボウルに加えて混ぜる。
❺粉類が残った④のボウルに水60mℓを入れてよく混ぜ、③のボウルに加え、全体を混ぜる。
❻⑤のたねをお玉に半量とって180℃に熱した油に落としていき、ほんのり色づくまで揚げる。油をきり、器に盛る。

枝豆のガスパーチョ

夏の朝の目覚めの一杯や、
おもてなしの席のアミューズに

材料(2人前)
枝豆(正味) 1カップ(さやつきで約400g)
(塩 少々)
きゅうり ½本
玉ねぎ ⅙個
にんにく 1かけ
コンソメスープ 1カップ
塩、こしょう 各適宜

❶枝豆は、さやごとやわらかく塩ゆでし、実を取り
出す。きゅうり、玉ねぎ、にんにくは乱切りにする。
❷フードプロセッサーに①、コンソメスープを入れ
てなめらかに攪拌し、塩、こしょうで味を調える。冷
蔵庫でよく冷やし、食べる直前に器に盛る。
*好みで仕上げにオリーブ油適宜を加えてもいい。

レタスと豚肉のビーフン

スープを煮つめながら
ビーフンにうまみを吸わせます

材料(4人前)
ビーフン(乾燥) 150g
レタス ¼個
豚肉(薄切り) 200g
黄パプリカ(せん切り) ½個分
しょうが(大／せん切り) 1個分
鶏ガラスープ 2カップ
しょうゆ 大さじ1½
塩 適宜
こしょう 適宜
植物油 大さじ1

❶ビーフンは、袋の表示どおりに水でもどし、水気をきる。
❷レタスは食べやすい大きさにちぎる。
❸豚肉は食べやすい大きさに切る。
❹フライパンに植物油を熱し、しょうが、❸の豚肉をいため、塩をふる。豚肉の色が変わったら①のビーフン、鶏ガラスープ、しょうゆを加えて煮込む。
❺❹の煮汁が⅓量ほどになったら②のレタス、パプリカを加え、汁気がほとんどなくなったら塩、こしょうで味を調える。

新しょうがとセロリ、鶏胸肉のいため物

さっと火を通した新しょうがの
さわやかな辛みを楽しんで

材料（4人前）
新しょうが 60g（塩 ひとつまみ）
セロリ 200g（塩 ひとつまみ）
鶏胸肉 130g

Ⓐ 塩、こしょう 各少々
　 酒、かたくり粉 各小さじ1

Ⓑ しょうゆ 大さじ2
　 酒 大さじ1
　 酢 大さじ1½
　 黒こしょう 少々

サラダ油 大さじ2

❶新しょうがは、皮つきのまま細切りにし、塩をまぶしてもみ込む。

❷セロリは、筋を除いて細切りにし、塩をまぶしてもむ。

❸鶏胸肉は、皮を除いて細切りにし、Ⓐをからめて下味をつける。

❹フライパンにサラダ油を熱し、③をいためる。色が変わってきたら、余分な水気をきった①と②を加えていため合わせ、Ⓑを加えて味を調える。

焼きピーマンと豚しゃぶサラダ

甘い焼きピーマンをナムル風の味つけで

材料（2人前）
ピーマン　6個
豚ロース肉（しゃぶしゃぶ用）　150g
ごま油　大さじ2
塩　小さじ⅓、こしょう　少々
切りごま　小さじ1
一味とうがらし　適宜

❶ピーマンは、縦半分に切り、へたと種を取る。皮を下にして焼き網にのせ、中火で表面の薄い皮が黒くなるまで焼く。裏返してしんなりするまでさらに焼き、取り出す。

❷①のピーマンの黒くなった皮をペーパータオルでこそげ取り、8mm～1cm幅に切る。

❸鍋に湯を沸かし、あればしょうがの皮、長ねぎの青い部分（共に分量外）を入れて3～5分煮て火を止める。

❹③に豚肉を数枚ずつ広げ入れ、色が変わったら取り出す。冷めたら2cm幅に切る。

❺ボウルに②と④を入れ、ごま油をふって混ぜ合わせ、塩、こしょう、切りごまを加えて混ぜる。

❻器に盛り、一味とうがらしをふる。

冬瓜と鶏ひき肉のあえ麺

さっといためた具と麺を
お皿の上であえながらいただきます

材料（2人前）
そうめん　200g
冬瓜　1/8個（約300g）
鶏ももひき肉　100g
貝割れ大根　1パック
Ⓐ ┌ マヨネーズ　大さじ2
　 ┤ ゆずこしょう　小さじ1
　 └ こしょう　適宜
めんつゆ（ストレート）　1カップ
刻みのり　適宜
サラダ油　適宜

❶冬瓜は、濃い緑の皮を薄くむいて種とわたを
取り除き、せん切りにする。
❷フライパンにサラダ油を熱し、鶏ひき肉を入
れて中火でいためる。肉の色が変わったら①を
加えていため合わせ、冬瓜がしんなりしてきたら
貝割れ大根を加え、さっといためる。
❸②の粗熱が取れたらⒶを加え、よく混ぜ合わ
せる。
❹そうめんを表示どおりにゆでる。冷水にさらして
器に盛り、めんつゆをかけ、③を盛って刻みのり
をのせる。

55

アボカドの豚肉巻きカツ
アボカドを大きく切るのがこつ

材料(2人前)
アボカド　1個
豚もも肉(薄切り)　6枚
(塩　小さじ⅓、こしょう　少々)
小麦粉、とき卵、パン粉　各適宜
揚げ油

❶アボカドは、縦に包丁で切込みを入れてねじるようにして二つに分け、種を取る。それぞれ皮ごと縦3等分のくし形に切り、皮をむく。
❷豚肉は、まな板に縦長に並べ、両面に塩、こしょうをする。
❸豚肉でアボカドを巻き、小麦粉、とき卵、パン粉の順に衣をつける。
❹揚げ油を中温に熱し、③を3個入れて弱めの中火で2分ほど揚げ、最後に高温にしてからっと揚げて取り出す。残りも同じように揚げ、器に盛る。好みでレモン(分量外)を添える。

赤パプリカの詰め物

肉だねを詰めてオーブンで焼くだけ。
簡単で見栄えのする料理です

材料（2人前）
赤パプリカ　2個
合いびき肉　300g
玉ねぎ　½個
にんにく　1かけ
白ワイン　大さじ2
Ⓐ　｛クミンパウダー　小さじ½
　　塩　小さじ¼
　　こしょう　少々
オリーブ油　小さじ1

❶赤パプリカは、縦半分に切り、種の部分を取り除く。玉ねぎとにんにくは、みじん切りにする。
❷フライパンにオリーブ油を温め、①の玉ねぎを弱火でいためる。透明になり、しんなりしてきたらにんにくを加えていため合わせる。にんにくの香りが立ったらワインを加え、水分がほぼなくなるまで煮つめる。
❸ボウルにひき肉、粗熱を取った②、Ⓐを入れてよく混ぜ合わせ、①のパプリカに詰める。
❹200℃に予熱したオーブンに③を入れ、20分焼く。

ひじきと豆のサラダ
紫玉ねぎとパセリを加えて彩り豊かに

材料(3〜4人前)
豆(ゆでたもの。好みで、白花豆、大豆など) 200g
芽ひじき(乾燥) 3g
紫玉ねぎ ½個
パセリ 2枝
白ワイン 大さじ2
塩 小さじ1
レモン汁、オリーブ油 各大さじ3

❶芽ひじきは、たっぷりの水に30分つけてもどし、洗って水気をきる。紫玉ねぎはみじん切りにする。
❷パセリは枝ごとみじん切りにする。
❸フライパンに①、塩、白ワインを入れて中火にかけ、ひじきがしんなりとするまで水分を飛ばすようにいためる(食感が残るように、いためすぎないこと)。
❹ボウルに、③、②、豆、レモン汁、オリーブ油を入れてざっくりと混ぜ合わせ、器に盛る。

ひじきたっぷりの
スパニッシュオムレツ

マッシュポテトが、いいつなぎ役に

材料（直径22cmのフライパン1枚分）
卵　4個
芽ひじき（乾燥）　6g
じゃがいも　2個
塩　小さじ½、牛乳　大さじ2
マヨネーズ　大さじ2
植物油　大さじ1
イタリアンパセリ　適宜

❶芽ひじきは、たっぷりの水に30分つけてもどし、洗って水気をきる。

❷じゃがいもは、皮ごと、菜箸がすっと通るほどやわらかくゆでる。皮をむいてボウルに入れ、塩、牛乳を加え、少し形が残るくらいにつぶす。

❸別のボウルに卵をとき、マヨネーズを加えて混ぜる。②が冷めたら加え、ざっくりと混ぜ合わせる。

❹フライパンに植物油をひいて中火にかけ、①をいためる。ひじきがしんなりして、フライパンが充分に熱くなったら③を流し入れる。周囲が焼けてきたら火を弱めてふたをし、じっくりと6〜7分焼く。ふたを使ってひっくり返し、ふたをせずさらに3分ほど焼く。器に盛り、イタリアンパセリをのせる。

わかめの
牛肉入りスープ
牛肉のうまみとごまの香りをきかせた
だしいらずのスープ

材料(4人前)
生わかめ(または、乾燥をもどしたもの) 100g
牛肉(薄切り) 60g
にんにく(みじん切り) 少々
Ⓐ { うす口しょうゆ 大さじ2
   { 塩 小さじ1
ごま油 適宜
いりごま 小さじ1
こしょう 少々

❶わかめは2〜3cm長さに切る。

❷牛肉は細かく切る。

❸鍋にごま油を熱し、中火でにんにくと②の牛肉をいためる。肉の色が変わったら水4カップを加え、煮立ったら丁寧にあくを除く。①のわかめ、Ⓐを加えて味を調える。

❹器に③を盛り、いりごま、こしょうをかける。

わかめとたこの
チョコチュジャンあえ

コチュジャンに酢（チョ）を加えた
韓国の酢の物。生の春菊の香りを添えて

材料（4人前）
生わかめ　100g
生たこ（さしみ用）　適宜
春菊　1/2束
いりごま　小さじ1

Ⓐ
┌ コチュジャン　大さじ4
│ 酢　大さじ2
│ 酒　大さじ1
│ みりん　大さじ1
└ しょうがのしぼり汁　小さじ1

❶わかめは、食べやすい大きさに切り、熱湯をかけて水に放し、水気をよくきる。
❷たこは一口大に切る。
❸春菊は、きれいに洗い、茎から葉を摘み、食べやすい大きさに切る。
❹ボウルにⒶを入れてよく混ぜ合わせ、水気をきった①、②、③、いりごまを加えてあえる。
＊生たこのほか、いか、貝類もよく合う。

cooking card
秋&冬

きのこのクリーム焼き

オーブンまかせのおしゃれな一品。
おいしいソースはパンと一緒に

材料（2人前）
まいたけ ½株
しいたけ 4〜5個
マッシュルーム 6〜7個
生クリーム 約150mℓ
ブルーチーズ 約30g
塩 少々
ナツメッグ 少々

❶きのこはすべて、はけなどでごみを取り除く。まい
たけは食べやすくほぐし、しいたけは、石づきを落と
して縦に4等分し、マッシュルームは2等分する。
❷耐熱容器にきのこをミックスして入れ、塩を軽く
ふる。上から生クリームを回しかけ、ブルーチーズ
を小さくちぎりながら散らし、210℃に予熱したオー
ブンに入れる。生クリームが少し煮つまって、きのこ
に軽く焼き色がつくまで20分ほど焼く。焼き上がっ
たら取り出し、ナツメッグをおろしながらふる。

きのこのマリネ

ノンオイルでヘルシー。弱火でじっくり
焼いて香ばしく仕上げます

材料(4人前)
しいたけ 4個
エリンギ 1本
ひらたけ、えのきだけ 各½袋
玉ねぎ ½個、大葉 10枚
シェリービネガー(または、白ワインビネガー、
　米酢など) 大さじ1
しょうゆ 大さじ1
塩、こしょう 各適宜

❶きのこは、石づきを取り、適当な大きさに切る。
❷玉ねぎは細く切り、大葉はせん切りにする。
❸フライパンを熱し、①を重ならないように入れ、
ふたをして弱火で焼く。きのこの水分が出てきた
らふたを外し、水分を飛ばしながらじっくり火を入
れる。途中で上下を返し、全体に香ばしい焼き
色がつくまで15分ほど焼き、玉ねぎを加えてさっ
といため合わせる。
❹③をボウルに移し、シェリービネガー、しょう
ゆ、塩、こしょうを加えて味を調える。仕上げに大
葉を加えて混ぜ、器に盛る。
＊きのこは、ほかにマッシュルームやまいたけなど好みの
ものでいい。

ビーフストロガノフ

自家製サワークリームでマイルドな酸味に

材料(4人前)
ブラウンマッシュルーム　4個
牛肉(焼き肉用／細切り)　300g
(塩、こしょう　各少々、小麦粉　大さじ1)
玉ねぎ(薄切り)　1個分
塩　小さじ1、こしょう　少々
バター、植物油　各大さじ1
自家製サワークリーム──生クリーム　1カップ、
　　　プレーンヨーグルト(無糖)　1カップ
パセリライス
　ご飯　600g(Ⓐ──パセリのみじん切り　大さじ2、
　　バター、塩、こしょう　各少々)

❶サワークリームを作る。ボウルにヨーグルトを
入れ、生クリームを少しずつ加えながら混ぜる。
❷牛肉に塩、こしょうをふり、小麦粉をまぶす。
❸マッシュルームは、石づきを取り、薄切りにする。
❹フライパンに植物油を熱し、②と③を弱めの中
火でいためて、取り出す。続けてバター、玉ねぎを
入れて茶色くなるまでいため、牛肉とマッシュルーム
を戻し入れる。①のサワークリームを加えてよく混
ぜ、塩、こしょうで味を調えて、さらに7～8分煮る。
❺あつあつのご飯にⒶを加え、さっくりと混ぜる。
❻器に④と⑤を盛り合わせる。

65

きのこのかす汁
数種類のきのこと酒かすで滋味深い味わい

材料(2人前)
しいたけ 2個、えのきだけ ½株
まいたけ ½パック
かぶ(小、葉つき) 2個
油揚げ ½枚、豆腐(木綿) 100g
酒かす 60g、しょうが(薄切り) ½かけ分
塩 小さじ⅓、しょうゆ 小さじ1

❶しいたけは、石づきを取り、5㎜幅に切る。えのきだけは、石づきを取り、1.5㎝幅に切る。まいたけはほぐす。

❷かぶは、皮をむいて縦半分に切り、5㎜幅の半月に切る。葉は5㎜幅の小口切りにする。

❸油揚げは、オーブントースターでこんがりと焼き色がつくまで3〜4分焼き、2㎝角に切る。

❹鍋に①、かぶの実、しょうが、塩、水2½カップを入れて中火にかけ、沸いたら弱火で5分煮る。

❺ボウルに酒かすを入れて④の汁をひたひたに加え、泡立て器で溶き混ぜ、④に加える。

❻⑤に豆腐をちぎり入れ、弱火で2〜3分煮、しょうゆを加える。味をみて塩適宜(分量外)で調え、かぶの葉と③を加えて1分ほど煮て、器に盛る。

えのきだけの水餃子 まいたけソースかけ

ウクライナの野菜の水餃子
「ヴァレーニキ」をえのきだけで

材料(4人前)
餃子の皮 1袋
えのきだけ(石づきを取り、みじん切り) 1袋分
玉ねぎ(みじん切り) 1/4個分
塩 適宜、こしょう 少々
まいたけソース
 まいたけ(石づきを取り、小房に分ける) 1パック分
 玉ねぎ(薄切り) 1/4個分
 植物油 大さじ2
バター 大さじ1
万能ねぎ(小口切り) 適宜

❶フライパンにバター、玉ねぎのみじん切り、えの
きだけ、塩小さじ3/4、こしょうを入れ、中火でいため
る。粗熱が取れたら、餃子の皮で包む。
❷別のフライパンに植物油を熱し、玉ねぎの薄
切り、まいたけをしんなりするまでいためる。
❸鍋にたっぷりの湯を沸かし、塩を入れて(水1カ
ップに対して塩小さじ1/2が目安)、①の餃子をゆで
る。浮き上がって1〜2分したら湯をきって取り出す。
❹器に③を盛り、②を添えて、万能ねぎを散らす。
＊好みで、酢やサワークリームを添えても。

さつまいもと豚肉の米粉蒸し

さつまいもの甘みとたれの辛みが絶妙

材料(4人前)
さつまいも　1本
豚バラ肉　300g
米　大さじ2

た
れ｛
豆板醤、甜麺醤、砂糖　各小さじ1
酒、しょうゆ　各大さじ1
塩　少々
五香粉　小さじ¼
にんにく、しょうが(各みじん切り)　各小さじ½

長ねぎ(みじん切り)　10cm分
ごま油　大さじ2

❶豚バラ肉は3cm角に切る。

❷さつまいもは、皮つきのまま1cm厚さの半月切りにする。

❸米はフライパンできつね色になるまでからいりし、すり鉢で粗くすりつぶす。

❹ボウルにたれの材料を合わせ、①、②、③を加え混ぜる。

❺耐熱の器に④を盛り、蒸気の上がった強火の蒸し器で器ごと約35分蒸す。

❻⑤に長ねぎをのせ、熱したごま油をジュッとかける。

さつまいもの黒酢豚
甘酸っぱいプルーンがアクセント

材料（4人前）
さつまいも　1本
豚肩ロース肉（とんかつ用）　2枚（240g）
Ⓐ { しょうがのしぼり汁　小さじ2
　　塩、こしょう　各少々
とき卵　½個分、かたくり粉　大さじ2
Ⓑ { 黒酢　大さじ4
　　しょうゆ、はちみつ、酒　各大さじ2
　　かたくり粉　小さじ1
プルーン　8個、香菜　1束
揚げ油

❶さつまいもは、皮つきのまま約1cm角の棒状に切り、5分ほど水にさらして水気をふく。

❷豚肉は、麺棒などでたたいてのばし、数か所切込みを入れて、6等分ずつに切る。Ⓐをもみ込んで5分ほどおき、とき卵をからめる。

❸フライパンに、油を底から1cm程度入れて170℃に温める。①と②にかたくり粉をまぶし、油に入れて、返しながらそれぞれ色づくまで揚げる。

❹③のフライパンの油をきり、油をふき取る。続けてⒷを入れて中火で煮立たせ、とろみがついたら③とプルーンを加えてさっとからめる。

❺器に④を盛り、ちぎった香菜を添える。

69

里芋の揚出し
里芋を粗くつぶしてから揚げた
ねっとりとした口当りが格別

材料(4人前)
里芋　5〜6個（約500g）
かたくり粉　適宜
揚げ油
Ⓐ｛ めんつゆ（3倍濃縮）　大さじ2
　　 熱湯　½カップ
三つ葉（食べやすく切る）　適宜
大根おろし、ゆずの皮（せん切り）　各適宜

❶里芋は、よく洗って皮つきのまま横半分に切り、切り口を下にして耐熱皿に並べる。ラップフィルムをふわりとかけ、電子レンジ（600W）で9分を目安に、竹串がすっと通るまで加熱する。皮をむいて粗くつぶし、粗熱を取ってから12等分にして、平丸形に整え、かたくり粉をまぶす。
❷フライパンに揚げ油を2cmほど注いで170℃に熱し、①を揚げる。時々返しながら3分、強火にして1分ほど揚げ、油をきる。
❸器に②を盛り、混ぜ合わせたⒶをかける。三つ葉、大根おろし、ゆずの皮を添える。

里芋と豚肉のかす汁

下味をつけた里芋で。
白みそをきかせて濃厚に仕上げます

材料(2人前)
里芋 4個
煮汁(下煮用)
　だし 4カップ
　みりん 小さじ1
　うす口しょうゆ 小さじ2
豚バラ肉(薄切り) 100g
小松菜の葉 4〜5枚
だし 1カップ
かす汁のもと(下記参照) ½カップ
塩 2g

❶里芋は、皮をむき、水から20分ほど下ゆでして
ざるに上げる。煮汁を合わせた鍋に入れ、弱火
で10分煮て火から下ろし、一口大に切る。豚肉、
小松菜は、それぞれ4cm長さに切る。
❷別の鍋にだしを沸かし、かす汁のもと、塩を加
えて混ぜ合わせ、味を調える。
❸②に①を加え、肉に火が通ったら火から下ろ
し、器に盛る。
＊かす汁のもとの作り方(作りやすい分量)　酒かす
300g、白みそ110g、みりん40g、水40mℓをすべてミキ
サーでなめらかになるまで撹拌する。酒かすのかたさに
より、水の量を調整すること。

長芋のうまみじょうゆ漬け

長芋のさくっと軽い食感と
濃厚なうまみで、箸が進みます

材料(作りやすい分量)
長芋(1cm角の棒状に切る) 300g
うまみじょうゆ
  ┌ うまみだし(下記参照) 約1½カップ
  └ しょうゆ 約¾カップ(うまみだしの半量)

❶うまみじょうゆを作る。うまみだしとしょうゆを合わせて一煮立ちさせ、冷ます。
❷長芋を容器に入れ、①をひたひたになるまで注ぐ。
❸冷蔵庫で半日おいて味をなじませる。
*うまみだしの作り方(作りやすい分量) 鍋に水1ℓ、煮干し15g、干ししいたけ1個、だし昆布(5×5cm)1枚、玉ねぎ(小)¼個、大根(輪切り)1cm分、長ねぎ(青い部分)1本分、黒粒こしょう小さじ½をすべて入れ、弱火にかけて40分煮て、ざるでこす。
*うまみじょうゆは冷蔵庫で2週間保存できる。好みで酢を加えてもおいしい。

長芋入りケランチム

韓国風の茶碗蒸し。長芋を入れると
ねっとりした食感とこくが加わります

材料(2人前)
長芋　80g
卵　3個(160〜180g)
Ⓐ ┌ だし　½カップ
　 │ みりん　小さじ1
　 └ 塩　小さじ½
万能ねぎ(小口切り)　少々

❶長芋は、皮をむいてすりおろす。

❷ボウルに卵を入れて泡立て器でよくとき、Ⓐを
混ぜ合わせ、①を加えて混ぜる。

❸直径12cmほどの小鍋を強火にかけ、②を流
し入れる。スプーンで底から大きく混ぜながら加
熱し、卵が固まってきたら弱火にし、ふたをして3
〜4分、さらに加熱する。

❹ふたを取り、火から下ろして、万能ねぎをの
せる。

＊ふたがなければ、サイズの合う耐熱ボウルを逆さにし
てふたにするといい。

＊焼きたてはスフレのようにふくらむが、数分である程度
しぼむ。鍋底にできたおこげもおいしい。

73

かぼちゃとナッツの サラダ

ほっくり蒸した甘いかぼちゃと
こくのあるナッツで満足度大

材料(2人前)
かぼちゃ 1/6個(約200g)
ミックスナッツ(無塩) 40g
松の実 10g
キャラウェーシード(または、粗びき黒こしょう、
　粒マスタードなど) 少々
マヨネーズ 大さじ1
塩 ひとつまみ

❶かぼちゃは、皮をむき、一口大に切る。蒸気の
上がった蒸し器で竹串がすっと通るまで蒸す
(電子レンジの場合は600Wで約5分加熱)。
❷①をざっくりとつぶし、マヨネーズと塩であえ、
ナッツ、松の実、キャラウェーシードを加えて混ぜ
合わせ、器に盛る。

かぼちゃと
ちりめんじゃこの煮物

ごく簡単で栄養たっぷり。
常備菜、お弁当にと大活躍です

材料(2人前)
かぼちゃ ¼個(約350g)
ちりめんじゃこ 20g
にんにく(つぶす) 2かけ

A {
みりん 大さじ1
しょうゆ 小さじ1
魚醤(または、ナムプラー) 小さじ1
}

❶かぼちゃは、わたを取り、皮ごと一口大に切る。
❷鍋に①、ちりめんじゃこ、にんにく、Ⓐ、水1カップを入れて弱めの中火にかけ、かぼちゃがやわらかくなるまで10〜15分煮て、器に盛る。

ごろごろかぼちゃの
スープ
具だくさんで栄養満点

材料(2人前)
かぼちゃ 1/8個(260g)
玉ねぎ 1/2個
鶏もも肉 140g
ミックスビーンズ(加熱されたもの、市販) 50g
塩 小さじ1/2
サラダ油 小さじ1/2

❶かぼちゃは、半分は2.5cmの角切りにし、半分
の厚みに切る。残りは皮をむき、煮くずれしやすい
よう薄切りにする。鶏もも肉は1.5cm角、玉ねぎは
1cm角に切る。

❷鍋にサラダ油を入れて中火で熱し、鶏肉を
皮目を下にして並べ入れる。しばらく動かさず、し
っかりと焼き色がついたらひっくり返し、玉ねぎ、
①の薄切りのかぼちゃ、塩を加え、強めの弱火
で玉ねぎがしんなりするまでいためる。

❸②にミックスビーンズと水2カップを加え、沸い
たら弱火にしてふたをし、4分ほど煮る。①の残り
のかぼちゃを加えてさらに5分煮る。スープの味
をみて塩適宜(分量外)で調え、器に盛る。

かぼちゃとベーコンのグラタン

先にフライパンで焼いてうまみを凝縮

材料（2人前）
かぼちゃ ⅛個（260g）
ベーコン 60g、ブロッコリー 大2房
Ⓐ
　クリームチーズ 70g
　生クリーム ½カップ
　塩 小さじ⅓、こしょう 適宜
ローリエ 1枚
サラダ油 小さじ1

❶かぼちゃは1×8cmのくし形切りを8枚用意する。ブロッコリーは細かいみじん切りにする。ベーコンは0.5×2cmの拍子木切りにする。

❷フライパンにサラダ油を入れてかぼちゃを並べ、弱火でゆっくり焼く。3〜4分して焼き色がついたらひっくり返し、ベーコンとローリエを加えてさらに3分焼く。火を止めてペーパータオルで余分な油を吸い取る。

❸ボウルに①のブロッコリーとⒶを入れてよく混ぜ合わせ、②に加えてかぼちゃにからませる。

❹③のかぼちゃを耐熱容器に並べ入れ、残りも加え、オーブントースターでこんがりと焼き色がつくまで7〜8分焼く。

77

ごぼう天
豚肉入りで食べ応えあり

材料(2人前)
ごぼう(細いもの) 1本(50g)
豚こま切れ肉 100g
大葉 5枚
薄力粉 大さじ3、かたくり粉 大さじ2
卵 1個
揚げ油
自然塩、こしょう 各適宜

❶ごぼうは、皮を包丁の背でこそげ取り、1cm幅の斜め薄切りにする。切ったそばから水を張ったボウルに放ち、すぐにざるに上げる。
❷豚こま切れ肉は2cm幅に切る。大葉は葉脈にそって縦に半分に切り、横に細切りにする。
❸ボウルに薄力粉とかたくり粉を入れて箸でぐるぐる混ぜ、①、②を加えて混ぜ合わせ、粉をまんべんなくまぶす。
❹③にとき卵を加えて箸であえるように混ぜる。ボウルの縁に粉が残るぐらいで6〜8等分し、手で塊にまとめてバットに置く。
❺④を170℃の油で片面2分ずつ揚げる。油をよくきり、器に盛り、塩、こしょうを添える。

ごぼうと鶏手羽の
バルサミコ酢煮

プルーンとバルサミコ酢の
こくと甘酸っぱさが食欲をそそります

材料（4人前）
ごぼう　1本（200g）
鶏手羽中ハーフ（"鶏スペアリブ"）　500g
にんにく（半分に切る）　2かけ分
ドライプルーン　8個

Ⓐ
- 水　1¼カップ
- バルサミコ酢　⅔カップ
- しょうゆ　¼カップ
- 酒　¼カップ
- 砂糖　大さじ3
- はちみつ　大さじ2

イタリアンパセリ（ちぎる）　適宜

❶ごぼうは、皮をこそげて5〜6cm長さに切る。麺棒でたたいて半分に割り、さっと水にさらして、水気をきる。

❷鍋にⒶを入れて混ぜ合わせ、①のごぼう、にんにく、鶏手羽中を加えて強火にかける。煮立ったら落しぶたをし、弱めの中火で20〜25分煮る。さらにプルーンを加えて強火にし、ざっくりと返しながら汁気が少なくなるまで煮つめる。

❸器に②を盛り、イタリアンパセリを添える。

ごぼう入り鶏肉だんご

少量のごぼうでも香りは抜群。
肉だねをよく混ぜてふっくら仕上げます

材料(4人前)
鶏ひき肉 400g
ごぼう ¼本
玉ねぎ ½個
とき卵 1個分
小麦粉 大さじ2
塩 小さじ¼
こしょう 適宜
サラダ菜 適宜
揚げ油

❶ごぼうは、ささがきにし、さっと水にさらして水気
をきる。玉ねぎはみじん切りにする。

❷ボウルに鶏肉、塩、こしょうを入れてよく混ぜ、と
き卵、小麦粉を加えてさらによく混ぜ、①を加えて
全体を混ぜる。

❸②を一口大に丸め、170℃の油で色よく揚げ
る。器に盛り、サラダ菜を添える。

ごぼうと豚の竜田揚げ

ごぼうはしっかり味をなじませてから
かたくり粉をまぶして、香ばしく揚げます

材料(4人前)
ごぼう　1本(200g)
豚ロース薄切り肉　8枚(約160g)
Ⓐ {
　しょうゆ　大さじ2½
　酒　大さじ1½
　にんにく(すりおろす)　½かけ分
}
かたくり粉　適宜
塩　少々
すだち(横半分に切る)　適宜
揚げ油

❶ ごぼうは、長さ10cm、厚さ3〜4mmほどの斜め
薄切りにし、さっと水にさらして、水気をぬぐう。
❷ バットにⒶを入れて混ぜ合わせ、①のごぼう
を加えてからめ、5分ほどおく。さらに豚肉を加え
てさっとからめる。ごぼうは汁気がからんだまま、
豚肉はペーパータオルで押さえて汁気を取り、
それぞれかたくり粉をまぶす。
❸ フライパンに揚げ油を2cmほど注いで、160℃
に熱し、②のごぼうを揚げる。返しながら5〜6分
揚げ、油をきる。続いて②の豚肉を上下を返し
ながら3分ほど揚げ、油をきる。全体に塩をふる。
❹ 器に③を盛り、すだちを添える。

81

おろし蓮根と
鶏肉のスープ煮
おろした蓮根で軽くとろみをつけます

材料(4人前)
蓮根　350g
鶏ぶつ切り肉(大きめのぶつ切り)　600〜700g
しょうが(大／薄切り)　1かけ分
塩　適宜
粗びき黒こしょう　適宜
オリーブ油　少々

❶蓮根は、半量を皮つきのまま1〜2cm厚さの半月切り(太いところはいちょう切り)にする。残りは皮をむいてすりおろす。

❷鶏肉は、塩小さじ1を全体にまぶしてよくもみ込み、そのまま30分〜1時間おく。

❸鍋にオリーブ油をひき、鶏肉を全体に焼き色がつくまで焼きつけ、続けて半月切りにした蓮根も焼きつけ、共にいったん取り出す。出てきた脂をペーパータオルでさっとふき取り、鶏肉、蓮根を戻し入れる。しょうが、水6カップを加えてふたをし、弱火で50〜60分煮る。仕上げにおろした蓮根を加えて少し煮立て、とろみが出てきたら味をみて、塩で調える。

❹器に③を盛り、好みで黒こしょうをふる。

蓮根と鶏肉のいため

しゃきしゃき、もちもちの食感を楽しんで

材料(4人前)
蓮根　150g(酢　大さじ2)
鶏もも肉(棒状に切る)　1枚分
パプリカ　½個
Ⓐ｛ しょうゆ　大さじ½
　　 酒　大さじ1、こしょう　少々
かたくり粉、サラダ油　各大さじ2
豆板醤　大さじ½、にんにく(おろす)　大さじ1
Ⓑ｛ しょうゆ、酢、砂糖　各大さじ1
　　 鶏ガラスープ(有塩)　½カップ
揚げ油

❶蓮根は、皮をむき、酢を加えた湯で10分ほど下ゆでする。冷水にとって冷まし、縦に拍子木切りにする。

❷Ⓐを合わせ、鶏肉を加えて下味をつけ、かたくり粉、サラダ油を順に加え、その都度混ぜ合わせる。

❸パプリカは、へたと種を除き、太めの棒状に切る。

❹②の鶏肉を180〜200℃の揚げ油で揚げる。続けて①の蓮根を加えて揚げ、それぞれ色よく揚がったら油をきる。

❺フライパンに豆板醤、にんにくを入れて中火で軽くいため、Ⓑを加え混ぜる。沸騰したら④の蓮根と鶏肉を加えてしばらくいため、③のパプリカを加えて、汁気がなくなるまでいため合わせる。

蓮根と牛肉の甘辛煮
牛肉は最後に煮からめて
仕上げるのがこつ

材料(1～2人前)
蓮根(小) 1節
牛こま切れ肉 50g
ししとう 6本
Ⓐ みりん 大さじ2
しょうゆ 大さじ1
赤とうがらし(輪切り) ½本分

❶蓮根は皮ごと乱切りにする。鍋に入れてひた
ひたの水を加え、竹串が通るまで約10分中火で
煮る。
❷①にⒶを加え、汁気がほぼなくなるまで煮る。
❸②に牛肉を加えてからめ、色が変わってきた
らししとうを加えて混ぜ合わせ、ししとうの色が鮮
やかになったら火から下ろして器に盛る。
＊牛肉はほどよく脂が入った上質なものを使うと、より
うまみが出る。

蓮根の梅マヨあえ
野菜の食感と梅の酸味が心地よい一皿

材料(2人前)
蓮根(中) 1節(酢 数滴)
いんげん 8〜10本
白瓜 ½本
梅干し 3〜4個
マヨネーズ 大さじ1
ごま 適宜

❶蓮根は、皮をむき、スライサーで薄切りにする。
いんげんは3cm長さに切る。

❷鍋に湯を沸かし、いんげんをゆでて引き上げ、
水気をきる。湯に酢をたらし、蓮根を入れ30秒
ゆでて引き上げ、水気をきる。

❸白瓜は、縦半分に切ってわたを取り、スライサ
ーで薄切りにする。梅干しは、種を取り、包丁で
たたく。

❹ボウルに②、③、マヨネーズ、ごまを入れて混
ぜ合わせ、器に盛る。

長ねぎとひじきの香菜ドレッシング

歯触りのいい長ひじき入り。
香菜とごま油風味のドレッシングで

材料(4人前)
長ねぎ 1本
長ひじき 10g
香菜ドレッシング
香菜(みじん切り。または、青ねぎの小口切り)
　大さじ4
しょうが(みじん切り) 大さじ1
米酢 大さじ2
しょうゆ 大さじ1
砂糖 小さじ½
ごま油 大さじ1

❶長ねぎは、縦半分に切ってから、斜め薄切りにする。たっぷりの水に10〜15分さらして辛みを除き、水気をきる。
❷長ひじきは、鍋に入れて水をたっぷり注ぎ、中火にかける。沸騰したら弱火にし、3分ほどゆでてざるに上げる。そのまま冷まして、食べやすい長さに切る。
❸香菜ドレッシングの材料を混ぜ合わせる。
❹①、②の水気をペーパータオルで吸い取り、③のドレッシングであえる。

長ねぎと卵の
チキンスープ
長ねぎの自然な甘みを楽しみます

材料（4人前）
長ねぎ（斜め薄切り）2本分
卵 2個
かたくり粉 小さじ1
塩 小さじ½
チキンスープ
　┌鶏ひき肉 200g
　└しょうが（薄切り）5枚
ごま油 小さじ1

❶チキンスープを作る。鍋に水4カップと鶏ひき
肉、しょうがを入れて強火にかける。煮立ったら、
表面がふつふつする程度の火加減に弱め、5分
ほど煮出してこす。

❷鍋を温めてごま油をひき、中火で長ねぎをしん
なりするまでいためる。①のチキンスープを注い
で、塩を加えてふたをし、弱火で約10分煮る。同
量の水で溶いたかたくり粉を加えてかき混ぜ、軽
くとろみをつける。

❸スープが軽く煮立っているところへ、とき卵を細
く流し入れ、そっとかき混ぜて火を通す。味をみ
て足りなければ塩（分量外）を加えて調える。

ほうれん草と生ハムのソテー

生ハムの塩味、2種類のレーズン、
松の実がアクセント

材料(4人前)
ほうれん草 1束
松の実 20g
サルタナレーズン、カリフォルニアレーズン 各10g
生ハム(ハモンセラーノ) 50g
塩 適宜
オリーブ油 大さじ3

❶ほうれん草は、軽くゆで、3cm長さに切りそろえる。

❷レーズンは、ぬるま湯に30分ほど浸しておく。

❸生ハムは2cm幅に切りそろえる。

❹フライパンにオリーブ油を入れ、松の実を中火でいためる。色づいたら生ハム、レーズンを加えていため、火が通ったらほうれん草を加えて、まんべんなくかき回すようにいため、塩で味を調える。

ほうれん草の
チャーハン

生のままみじん切りにしたほうれん草を
彩りよくいため合わせて

材料（4人前）
温かいご飯 4膳分
ほうれん草 1束
粒コーン（缶詰め） 50〜70g
卵 2個
塩、こしょう 各適宜
しょうゆ 大さじ½
植物油 大さじ4

❶ほうれん草はみじん切りにする。
❷卵はよくといておく。
❸中華鍋を強火にかけ、充分から焼きをしてか
ら、植物油を全体になじませる。②を手早くかき
混ぜながらいため、半熟程度に火が通ったら、
ご飯を加えていため合わせ、塩、こしょうをふっ
て、鍋肌からしょうゆを回し入れる。①のほうれん
草、水気をきったコーンを加え、ご飯がぱらりとほ
ぐれるまでいためる。

白菜の甘酢漬け

塩もみした白菜に熱したごま油をかけて。
はちみつ風味の甘酢で漬けます

材料(4人前)
白菜(茎の部分) 約300g(塩 小さじ1)
食用菊 約6輪
粒花椒(または、実山椒) 小さじ½
太白ごま油 大さじ2
チャービル 適宜
甘酢 {
米酢 大さじ7
はちみつ 大さじ8
しょうが(せん切り) 1かけ分(約10g)
水 大さじ3
砂糖 小さじ2
ごま油 少々
}

❶白菜の茎は、繊維にそって縦に約5cm長さ、
約7mm幅に切る。耐熱ボウルに入れて塩をふり、
よくもんで、しんなりしたら水気をしっかりと絞る。
❷菊は、がくから外してさっとゆでて、しっかりと絞
る。①のボウルに白菜と一緒に入れておく。
❸小鍋に粒花椒と太白ごま油を入れて中火にか
け、煙が出るまで熱して、②に回しかける。よく混ぜ
合わせた甘酢を加え、3時間以上漬けておく。
❹器に白菜を重ねて盛り、菊とちぎったチャービ
ル、粒花椒を飾る。

白菜と豚しゃぶの辛みあえ

生の白菜のしゃきしゃきとした歯触りが合う
豆板醤風味のヨーグルトのソースと

材料（4人前）
白菜　200g
豚薄切り肉（しゃぶしゃぶ用）　150g

ソース
- プレーンヨーグルト（加糖）　50g
- にんにく（おろす）　大さじ½
- しょうゆ　大さじ1½
- みそ（合せみそ）　大さじ½
- 豆板醤　大さじ½
- 練りがらし　小さじ1
- 砂糖　大さじ1½
- ごま油　大さじ2

❶豚肉はさっとゆでる。
❷白菜は一口大のそぎ切りにする。
❸ボウルにソースの材料を入れて混ぜ合わせる。
❹❸に豚肉と白菜を加え、軽く混ぜてソースを
全体にからめる。

白菜の古漬けと
豚肉のいため物

白菜の漬物を室温で発酵させて
酸味とうまみを引き出します

材料（4人前）
白菜漬け　1パック（250g）
豚肉（薄切り）　100g
にんにく　1かけ
たかのつめ（種を除いて、小口切り）　1本分
砂糖　小さじ½
しょうゆ　小さじ1
サラダ油　大さじ1

❶白菜漬けは、室温におき、酸味が出るまで発
酵させる（ビニール包装のものは袋がふくらむま
で）。水気を絞り、一口大に切る。
❷豚肉は一口大に切る。にんにくは薄切りにする。
❸フライパンを熱してサラダ油をなじませ、にん
にく、たかのつめをいため、豚肉を加えて中火で
よくいため合わせる。①の白菜、砂糖を加えて
手早くいため、鍋肌からしょうゆを回し入れて味
を調える。
＊白菜漬けは、塩加減によって適宜塩抜きをする。

白菜と鶏ひきだんご、黄にらの鍋仕立て

鶏ひきだんごのうまみが格別

材料（2人前）
白菜（葉と芯に分ける） 200g
黄にら（6cm長さに切る） 1束分
鶏ひき肉 200g

Ⓐ
- 長ねぎ（みじん切り） 大さじ3
- しょうが（みじん切り） 小さじ1
- 塩 小さじ⅓、粉山椒 小さじ¼
- 酒、ごま油 各小さじ2、卵黄 1個分
- 水 大さじ2、かたくり粉 小さじ2

だし汁 4カップ

Ⓑ
- 酒、うす口しょうゆ 各大さじ2
- みりん 大さじ1、塩 少々

すだち（¼に切る） 適宜

❶白菜の葉はざく切りにする。芯は6cm長さの細切りにし、耐熱容器に入れてラップフィルムをゆるくかけ、電子レンジ（600W）で2分ほど加熱する。
❷鶏ひき肉は、Ⓐを加え混ぜ、直径3cmほどに丸める。
❸鍋にだし汁を入れて煮立て、Ⓑを加えて味を調え、①の白菜、②の鶏ひきだんごを加えて中火で煮る。あくを除き、仕上げに黄にらを加えてさっと煮る。すだちをしぼっていただく。

93

大根と鶏もも肉のスープ
香ばしく焼いた鶏肉のこくを加えて

材料(4人前)
大根 20cm
鶏もも肉(黄色い脂肪を取り除く) 1枚(約300g)
(塩 小さじ⅓)
昆布(7cm角) 1枚、サラダ油 小さじ2

Ⓐ
- 酒 大さじ2、しょうゆ 大さじ1
- 鶏ガラスープのもと(顆粒) 小さじ1
- 塩、こしょう 各少々

たれ
- しょうゆ 大さじ2
- 酒 大さじ1、酢、砂糖 各小さじ½
- 長ねぎ(粗みじん切り) 大さじ3
- しょうが(みじん切り) 小さじ1
- ごま油 小さじ1

❶鶏肉は、3cm角ほどに切って、塩をふる。
❷大根は、2.5cm厚さに切り、皮をむいていちょう切りにし、熱湯で5分ほど下ゆでする。
❸フライパンにサラダ油を熱し、鶏肉を皮目を下にして焼き、きつね色になったら返してさっと焼く。
❹鍋に水6カップ、昆布を入れて弱火にかけ、沸騰したら昆布を取り出す。②、③、Ⓐを加えて、大根がやわらかくなるまで煮る。
❺器に④を盛り、混ぜ合わせたたれを添える。大根や鶏肉にたれをつけていただく。

しゃきしゃき大根いため
大根の歯触りが残るように
強火で手早くいためるのがポイント

材料(4人前)
大根 500g
香菜 適宜
豚ヒレ肉 150g
Ⓐ 塩 ひとつまみ
　 酒 大さじ1
　 かたくり粉 小さじ1
たかのつめ(種を除く) 適宜
塩 小さじ1
植物油 大さじ2

❶大根は、皮をむいて約5cm長さに切り、縦の薄切りにしてから、せん切りにする。
❷香菜は4～5cm長さに切る。
❸豚肉は、細切りにし、Ⓐで下味をつけておく。
❹フライパンを熱して、植物油をなじませ、弱火でたかのつめをさっといためる。香りが出てきたら、豚肉を加えてほぐしながらいため、さらに強火にして①の大根を加え、手早くいため合わせて、塩で味を調える。火を止め、仕上げに香菜を加える。
＊香菜のほか、セロリ(縦のせん切り)でも合う。

にらと桜えびの大根餅
具材を混ぜて焼くだけの簡単バージョン

材料（2人前）
大根（おろす） 8㎝分（正味160g）
にら 20g
桜えび 10g
ベーコン（薄切り） 2枚
かたくり粉 大さじ2
塩 小さじ¼
酢、しょうゆ 各適宜（混ぜ合わせる）
ごま油 小さじ2

❶大根おろしは、ざるに上げて軽く水をきる。
❷にらは1㎝長さに切る。ベーコンは細切りにする。
❸ボウルに①、②、桜えび、かたくり粉、塩を入れて混ぜ合わせる。
❹フライパンを中火にかけてごま油を熱し、③をスプーンで好みの大きさにすくい入れ、両面を焼く。
❺④を器に盛り、酢じょうゆを添える。

大根と豚肉の蒸し煮
中国風の万能だれにつけ込みます

材料(2人前)
豚バラ肉(塊／一口大に切る) 200g
大根(皮をむき、一口大に切る) ¼本分
万能だれ
　Ⓐ──日本酒 大さじ3、しょうゆ 大さじ1、
　　オイスターソース 大さじ1
　砂糖 大さじ½
　ごま油 少々
水溶きかたくり粉 適宜
あれば、糸とうがらし 適宜

❶鍋に湯を沸かし、豚バラ肉と大根を入れて中火で3分下ゆでし、ざるに上げて水気をきる。
❷小鍋にⒶを合わせて中火にかける。1〜2分煮立ててアルコール分を飛ばしたら、砂糖を加えて混ぜ、仕上げにごま油を加える。
❸耐熱ボウルに①と②を合わせ、ラップフィルムをして、蒸気の上がった蒸し器で30分蒸し煮にする。
❹③のボウルを取り出して肉と大根を器に盛る。残ったたれは、小鍋に移して少し煮つめ、水溶きかたくり粉でとろみをつけ、肉と大根にかける。糸とうがらしをのせる。

オレンジとモッツァレッラのキャロットラペ

オレンジの果肉のさわやかさ、
チーズのこくを加えて味わい深い一品に

材料(4人前)
にんじん　2本(300g)
オレンジの果肉　2個分(正味200g)
モッツァレッラチーズ　1個(100g)

Ⓐ
- エキストラバージンオリーブ油　大さじ3½
- 赤ワインビネガー　大さじ1
- 塩　小さじ⅔
- はちみつ　少々
- こしょう　少々

❶にんじんはスライサーでせん切りにする。
❷オレンジ、モッツァレッラチーズは、1～1.5cm角に切る。
❸ボウルにⒶを入れて混ぜ合わせ、①のにんじんを加えて、ぎゅっともむようにしてあえる。しんなりとしたら、②のオレンジ、モッツァレッラチーズを加えてあえる。

にんじんチャーハン

ころころしたにんじんがアクセント。
長ねぎは最後に加え、香りを生かして

材料（2人前）
温かいご飯　180g
にんじん　1/2本（塩　少々）
卵　1個
長ねぎ（みじん切り）　大さじ2
塩　ひとつまみ
こしょう　少々
しょうゆ　小さじ1/2
太白ごま油　大さじ2

❶にんじんは、皮をむき、5mm角に切る。塩を加え
た湯で少し食感が残る程度にゆで、ざるに上げ
て水気をきる。
❷中華鍋を強火にかけて太白ごま油を熱し、とき
ほぐした卵を入れて大きく混ぜる。ご飯を加えて
手早く混ぜ合わせ、塩、こしょうで味を調える。
❸②に①を加えていため合わせ、鍋肌からしょう
ゆを回し入れ、長ねぎを加えてさっと全体を混ぜ
て器に盛る。
＊にんじんは、みじん切りにした皮を使ってもおいしい。

ブロッコリーのサラダ
じゃがいも入りの軽いマヨネーズソースで

材料(4人前)
ブロッコリー　1個
じゃがいも(小)　1個
ゆで卵(固ゆで)　2個
えび(ゆでたもの)　100g
紫玉ねぎ　¼個
Ⓐ { 牛乳　大さじ1〜2
マヨネーズ　大さじ2
塩　小さじ½、こしょう　少々

❶ブロッコリーは小房に分けて、塩(分量外)を加えた湯で少し食感が残る程度にゆで、ざるに広げて粗熱を取る。

❷じゃがいもは、皮をむき、六つに切って水にさらす。鍋にじゃがいもとひたひたの水を入れて火にかけ、やわらかくなるまで10分ほどゆでる。湯をきり、再度火にかけて余分な水分を飛ばしてからフォークで細かくつぶす。

❸②をボウルに入れ、Ⓐを順に加えて混ぜる。

❹ゆで卵は縦4等分、長さ3等分に切る。

❺紫玉ねぎは薄切りにする。

❻③のボウルにブロッコリー、卵、えび、紫玉ねぎを入れてよく混ぜ合わせ、器に盛る。

ブロッコリーの
ポタージュ

鶏ささ身を加えることで深みのある味に

材料(2人前)
ブロッコリー ½個
玉ねぎ ¼個
鶏ささ身 2枚
牛乳 1カップ
塩 小さじ1
こしょう 少々

❶ブロッコリーは小房に切り分ける。玉ねぎは薄
切りにする。

❷鍋に①、鶏ささ身、水1½カップを入れ、弱め
の中火で具材がやわらかくなるまで煮る。

❸②のささ身を取り出して残りをミキサーに移し、
塩、こしょう、牛乳を加えてなめらかに攪拌する。

❹③を鍋に戻して軽く温め、器に盛り、取り出し
たささ身を適宜ほぐして浮き実にする。

＊残ったささ身は、ほぐしてサラダにしたり、衣をつけて
ナゲットにするなどさまざまに使える。

かぶの中華風ピクルス

ごま油でさっといためてから
酢じょうゆ風味の簡単漬物に

材料（4人前）
かぶ　400g
たかのつめ（種を除いて、小口切り）　1～2本分
ごま油　大さじ2

合せ調味料	酢　大さじ2
	しょうゆ　大さじ1
	砂糖　大さじ2
	塩　小さじ1

❶かぶは、茎を切り落とし（2個分の茎はとっておく）、皮つきのままよく洗って、六つ割りにする。残しておいた茎は、よく洗って葉を落とし、小口切りにする。

❷合せ調味料を混ぜておく。

❸中華鍋を熱して、ごま油をなじませ、弱火でたかのつめをいためる。香りが出てきたら、①のかぶを加え、強火にしてさっとかき混ぜ、手早く②を回しかけ、かぶの茎を加えてさっといためる。

❹③を大きめのボウルに移し、上下を返してよく混ぜ、うちわであおぎながら粗熱を取る。

＊2～3日間冷蔵保存可能。

かぶの食べるスープ
かぶのおいしさをストレートに味わう

材料(4人前)
かぶ(中)　6個
玉ねぎ　½個
バター　大さじ2
三温糖　小さじ½
Ⓐ｛鶏のスープストック　1カップ
　｛酒　大さじ3
塩、白こしょう　各ごく少々

❶かぶは、よく洗い、皮ごと横に薄切りにする。玉ねぎは横に薄切りにする。

❷土鍋(または、厚手の鍋)を中火にかけてバターを熱し、玉ねぎを入れて焦がさないようにいためる。ねっとりとしてきたらかぶを加えていため合わせ、三温糖を加え、かぶが透き通るまでいためる。

❸②にⒶを加えてふたをし、弱火で5分煮る。

❹③をフードプロセッサーにかけ、こす。鍋に戻して温め、塩、白こしょうで味を調え、器に盛る。

＊好みで吸い口にエキストラバージンオリーブ油を落としてもおいしい。

春菊とさばのサラダ
春菊の茎までおいしい

材料(4人前)
春菊　1束
きゅうり、セロリ　各1本
赤ピーマン　1個、長ねぎ　½本
さばの文化干し　半身

Ⓐ {
ごま油　大さじ3、レモンのしぼり汁　大さじ2
みそ、みりん　各大さじ1
フレンチマスタード　小さじ1
塩、白しょう　各少々
}

白ごま　大さじ1

❶春菊は、葉は一口大にちぎり、茎は斜め薄切りにする。きゅうりは、縦半分に切って種を除き、5cm長さの短冊切りにする。セロリは、筋を取り、きゅうりと同様に切る。赤ピーマンは、芯を除いて横に薄切りにする。それぞれペーパータオルに包み、冷蔵庫に15分ほどおき余分な水分を飛ばす。
❷長ねぎは、縦半分に切り、せん切りにして水にさらし、水気を絞る。
❸さばは、焼いて皮と骨を除き、身をほぐす。
❹Ⓐを混ぜ合わせ、30分ほどおく。
❺器に①の野菜とさばを盛り合わせ、④を回しかけ、②をのせ白ごまをふる。よく混ぜていただく。

小松菜とかきの
マヨネーズグラタン
かきの蒸し汁を使ったソースで

材料(4人前)
小松菜　400g、玉ねぎ　½個
生がき(むき身)　400g(塩　少々)
白ワイン　大さじ2、マヨネーズ　100g
生クリーム(または、牛乳)　大さじ4
塩、こしょう　各適宜
バター　大さじ1、ピッツァ用チーズ　60g

❶かきは、塩水で洗い、ざるに上げて水気をきる。
鍋に入れて白ワインをふり、ふたをして中火にか
け、煮立ってきたら2分ほど弱火で蒸しゆでにし、
火を止めてそのまま冷ます(蒸し汁はとっておく)。
❷小松菜は、塩ゆでし、冷水にとる。水気を絞っ
て、4～5cm長さに切り、さらに水気を絞る。
❸玉ねぎは、芯を切り取り、縦の薄切りにする。
❹マヨネーズ、①のかきの蒸し汁大さじ2、生クリー
ムを混ぜ合わせ、塩、こしょうで味を調える。
❺フライパンにバターをとかし、弱火で玉ねぎを
しんなりするまでいためる。②を加えていため合わ
せ、塩小さじ¼とこしょうをふって、耐熱の器に敷く。
❻④に①のかきを加えてからめ、⑤にのせてチー
ズをふり、オーブントースターで18～20分焼く。

焼きカリフラワーのサラダ

オリーブ油で焼きつけたカリフラワーを
ワインビネガーをきかせたえびのソースと

材料(4人前)
カリフラワー　1個(約400g)
むきえび(小)　200g
にんにく(みじん切り)　1かけ分
パセリ(みじん切り)　大さじ4
塩　小さじ1
こしょう　適宜
ワインビネガー　大さじ2
オリーブ油　大さじ6

❶カリフラワーは、大きな房に切り分け、縦半分
に切る。

❷えびは、背わたのあるものは除き、水で洗って
水気をぬぐい、1cm幅に切る。

❸フライパンにオリーブ油大さじ2を熱し、①のカ
リフラワーを中火で1分ほど焼き、返して同様に
焼く。器に盛りつけておく。

❹ソースを作る。別のフライパンにオリーブ油大
さじ4、にんにくを入れて弱火で香りよくいため、
②のえびを加えて中火でいためる。塩、こしょう、
パセリを加えていため合わせ、仕上げにワインビ
ネガーを加え混ぜる。

❺③のカリフラワーに④のソースをかける。

カリフラワーのガレット

コロッケより簡単で、軽い食感

材料(3〜4人前)
カリフラワー ½個(300g)

Ⓐ
- 玉ねぎ(みじん切り) ¼個分
- とき卵 1個分
- ピッツァ用チーズ(刻む) 20g
- 粉チーズ、パン粉 各20g
- 万能ねぎ(小口切り) ⅓束分
- 塩 小さじ¼、こしょう 少々

オリーブ油 適宜

❶カリフラワーは小房に分け、塩(分量外)を加えた湯でやわらかめにゆでる。水気をきり、フォークなどで細かくつぶす。

❷①にⒶを加え、よく混ぜ合わせる。6〜8等分し、木の葉状に形を整える。

❸オーブンの天板にオリーブ油をぬって②をのせ、上からさらにオリーブ油をかける。

❹200℃のオーブンで約15分、少し焼き色がつくまで焼く。

＊好みでケチャップを添えても。

材料別索引
（五十音順）

レシピ掲載の
料理研究家、
料理家のかたがた
（敬称略、五十音順）

相場正一郎「LIFE」
（12、31ページ）

飯塚宏子
（17、19、26、27、37、51ページ）

五十嵐美幸「美虎」
（83、91ページ）

市瀬悦子
（70、79、81、98ページ）

今泉久美
（16ページ）

上田淳子
（10ページ）

おおつきちひろ
（88ページ）

大庭英子
（54、56、105、106ページ）

荻野恭子
（65、67、68、101ページ）

河村みち子
（11、24、28、93、94ページ）

神崎則子
（15、36、39ページ）

北坂伸子
（72〜75ページ）

久保香菜子
（9、46ページ）

コウ静子
（48、69ページ）

古賀信弘「ペリキュール」
（64ページ）

後藤ウィニー
（89、92、95、102ページ）

小堀紀代美
（42、43ページ）

坂田阿希子
（20、82ページ）

サルボ恭子
（66、76〜78ページ）

島田まき
（21ページ）

舘野真知子
（96ページ）

谷 昇「ル・マンジュ・トゥー」
（23、30ページ）

長尾智子
（63ページ）

な・すんじゃ
（25、60、61ページ）

夏井景子
（41、47、50、55ページ）

鯰江真仁「マサズキッチン」
（99ページ）

野口真紀
（80ページ）

萩原雅彦「オリーヴァ」
（8、44ページ）

パン ウェイ
（90ページ）

前沢リカ「七草」
（52ページ）

牧田敬子
（34、40、86、87ページ）

牧野加奈子
（18、22ページ）

松田美智子
（103、104ページ）

丸山久美
（57ページ）

南 俊郎「ミモザ」
（97ページ）

村岡奈弥
（45ページ）

山﨑美香「山さき」
（13ページ）

山脇りこ
（58、59ページ）

吉田勝彦「ジーテン」
（カバー、7、33、35、53ページ）

脇 雅世
（100、107ページ）

脇元かな子「空花」
（49、71、84、85ページ）

渡辺麻紀
（14、29、32、38ページ）

すぐ作りたくなる100レシピ

クッキングカード 野菜編

文化出版局編

2023年6月5日　第1刷発行

発行者　　清木孝悦
発行所　　学校法人文化学園　文化出版局
　　　　　〒151-8524
　　　　　東京都渋谷区代々木3-22-1
　　　　　電話 03-3299-2479（編集）
　　　　　　　 03-3299-2540（営業）
印刷・製本所　株式会社文化カラー印刷

文化出版局のホームページ https://books.bunka.ac.jp/

本書は雑誌『ミセス』（文化出版局）2014年4月号〜2021年4月号に連載された「クッキングカード」からレシピを厳選し、再編集したものです。レシピの材料、作り方などは掲載当時のままとしています。

撮影　　　　　　　竹内章雄
デザイン、イラスト　松竹暢子
校閲　　　　　　　位田晴日
協力　　　　　　　秋山由佳里、増本幸恵
編集　　　　　　　鈴木百合子（文化出版局）